PÓŁPIECZONE ZBIÓR KSIĄŻKA KUCHARSKA

100 PRZEPISÓW NA ŁATWE POSIŁKI DOBRE POCZUJĄCE SIĘ

Roksana Król

Wszelkie prawa zastrzeżone.

Zastrzeżenie

Informacje zawarte w tym eBooku mają służyć jako obszerny zbiór strategii, które autor tego eBooka zbadał. Podsumowania, strategie, porady i triki są jedynie rekomendacjami autora, a przeczytanie tego eBooka nie gwarantuje, że jego wyniki będą dokładnie odzwierciedlać wyniki autora. Autor eBooka dołożył wszelkich starań, aby zapewnić czytelnikom eBooka aktualne i dokładne informacje. Autor i jego współpracownicy nie ponoszą odpowiedzialności za jakiekolwiek niezamierzone błędy lub pominięcia, które mogą zostać znalezione. Materiał w eBooku może zawierać informacje pochodzące od osób trzecich. Materiały stron trzecich zawierają opinie wyrażone przez ich właścicieli. W związku z tym autor eBooka nie ponosi odpowiedzialności za jakiekolwiek materiały lub opinie osób trzecich. Niezależnie od tego, czy jest to spowodowane rozwojem Internetu, czy też nieprzewidzianymi zmianami w polityce firmy i wytycznymi dotyczącymi przesyłania artykułów redakcyjnych, to, co zostało uznane za fakt w momencie pisania tego tekstu, może później stać się nieaktualne lub nie mieć zastosowania.

EBook jest chroniony prawami autorskimi © 2023 z wszelkimi prawami zastrzeżonymi. Redystrybucja, kopiowanie lub tworzenie prac pochodnych na podstawie tego eBooka w całości lub w części jest nielegalne. Żadna część tego raportu nie może być powielana ani retransmitowana w żadnej reprodukcji ani retransmisji w jakiejkolwiek formie bez pisemnej wyraźnej i podpisanej zgody autora.

SPIS TREŚCI

SPIS TREŚCI..4

WSTĘP...8

B REAKTYWNIE...9

    1. Ciasto na chleb i pizzę bez wyrabiania.................................10
    2. Pieczone cynamonowe tosty brioche....................................13
    3. Jajka sadzone Frico i polenta...17
    4. Maślane warstwy rogalika z szynką prosciutto.....................20
    5. Jajko w dziurce z pomidorem i boczkiem.............................23
    6. Śniadaniowe tacos z awokado..26
    7. salsa chipotle..29
    8. Dyniowe naleśniki crème fraîche..31
    9. Bite masło klonowe..34
    10. Serowe jajka taty...36
    11. Rozsuwany chleb jagodowo-cytrynowy..............................38
    12. Muffiny kokosowo-bananowe...42
    13. Bułka cynamonowa na noc..45
    14. Krem cytrynowy z jeżynami...48
    15. Musli śniadaniowe..50
    16. Surowy Wegański Jogurt...52
    17. Surowe Jagodowe Crisp _..54
    18. Surowa kasza gryczana i kurkuma...................................56
    19. Migdałowy batonik makowy..58
    20. Śniadaniowe batoniki Zinger...60
    21. Surowe płatki zbożowe z mango i truskawkami.................62
    22. Surowe Bułki Cnamon..64
    23. Codzienne ciasto na chleb...66
    24. Mieszanka naleśników na co dzień...................................68
    25. Wszystko przyprawa do bajgla..70

26. Cytrynowe pesto bazyliowe..72
27. Idealne jajka szybkowarowe..74

PRZYSTAWKI I PRZEKĄSKI..76

28. Tandetna quesadilla poblano i boczek.....................................77
29. Marynowana salsa z ananasem Jalapeño.....................................80
30. Trzyskładnikowe kęsy sera pleśniowego...................................83
31. Burrata z pepperonatą..85
32. Roladki z ziołami i czosnkiem..88
33. Pieczone w piekarniku frytki Cajun.......................................91
34. Balsamiczna tarta brzoskwiniowo-brie.....................................93
35. Tłuczone ziemniaki...96
36. Brukselka Cacio e pepe...99
37. Kawałki cukinii zawijane w szynkę prosciutto............................102
38. Wyjątkowo gładki hummus...105
39. Dynia Żołędziowo-Klonowo-Cynamonowa.....................................108
40. Ogórki kiszone w plasterkach..110
41. Kandyzowane Ignamy..112
42. Awokado faszerowane sałatką...114
43. Surowe roladki z cukinii..116
44. Pieczarki faszerowane pesto z orzechów nerkowca.........................118
45. Sałatka Caprese z awokado...120
46. Surowe Taco Łódki...122
47. Ukąszenia kalafiora bawolego z czarnego pieprzu.........................124

DANIE GŁÓWNE..127

48. 15-minutowy ramen z masłem czosnkowym..................................128
49. Pieczarkowe „steki z serem"..131
50. Miska falafelowa z awokado...134
51. Marokański tagine z ciecierzycy i marchwi..............................138
52. Podkładka wegetariańska zobacz ew......................................141
53. Curry Wrapy sałaty Spring Roll...144
54. Pikantna shakshuka ziemniaczana..147
55. Gorące i pikantne naklejki na garnki...................................150

56. Spaghetti z kabaczkami Alfredo 154
57. Pikantne tacos poblano 157
58. Surowe wrapy 161
59. Jabłkowe nachosy 163
60. Surowe bezmięsne produkty B 165
61. Surowy Marchewkowy Makaron 167
62. Makaron z Cukinią 169
63. Zupa z grzybów shiitake 171
64. Zupa z czerwonej papryki 173
65. Sałatka z czerwonej kapusty i grejpfruta 175
66. Sałatka Mock Kanapka 177
67. Zupa Imbirowo-marchwiowa 179
68. Kalafior Brokuły 'Rice' 181
69. Makaron z cukinii z dynią patrz ds 183
70. Marynowane Pieczarki Cytrynowo-Pietruszkowe 185
71. Wegańskie Sajgonki 187

SAŁATKI I ZUPY **189**

72. Sałatka z suszonych pomidorów i awokado z kurczakiem 190
73. Sałatka z bajgla z białą fasolą i pesto 192
74. Tradycyjna sałatka z pomidorów i nektarynek 195
75. Sałatka z jesiennych zbiorów 198
76. Tajski stek z imbirem i sałatka z papryki 203
77. Francuska zupa cebulowa 208
78. Kremowa zupa z gnocchi z kurczaka 211
79. Zupa brokułowo-cheddarowa z sezonowanymi preclami 215
80. Złocista zupa z dyni piżmowej z chrupiącą szałwią 218
81. Salsa verde i zupa z tortilli z kurczakiem 221
82. Zupa z pieczonych pomidorów na maśle 224
83. Chrupiąca zupa z makaronem khao soi z kurczakiem 228

PIZZA **231**

84. Najbrzydsza, najbardziej zielona pizza 232
85. Słodko-pikantna pizza z ananasem 235

86. Pizza pepperoni z ogrodową bazylią..238
87. Zbiory pizzy z dyni piżmowej i jabłek...241
88. Pizza z ziemniakami i burratą..244
89. Biała pizza z trzech serów i nektarynek..247

MAKARON..**250**

90. Muszle nadziewane szpinakiem i trzema serami..................................251
91. Jednogarnkowe kremowe bucatini kukurydziane..................................255
92. Makaron z serem ze szpinakiem i karczochami....................................258
93. Wódka penne alla..261
94. Makaron cytrynowo-bazyliowy z brukselką...264
95. Dojrzały makaron pomidorowo-parmezanowy.....................................268
96. Lasagne z dyni i szałwii z fontiną..271

KOKTAJLE..**276**

97. Wódka Granatowo-Tymiankowa Spritz..277
98. Pikantna Truskawkowa Paloma..280
99. Brzoskwiniowo-różowa Sangria..283
100. Honeycrisp Apple Bourbon Smash..285

WNIOSEK..**287**

WSTĘP

Na wpół upieczone żniwa obfitują w aromatyczne, kolorowe i łatwe dania. Niektóre z nich są zdrowe... a niektóre mają dobrą ilość sera. Chodzi o równowagę.

To, że są bardzo proste, nie oznacza, że brakuje im smaku. Chociaż te potrawy są wystarczająco proste do codziennego gotowania, nie mieszczą się wyłącznie w kategoriach dziesięciu składników lub mniej i gotowych w mniej niż trzydzieści minut - chociaż jest ich mnóstwo!

B REAKTYWNIE

1. Ciasto na chleb i pizzę bez wyrabiania

WYDAJE: 1 FUNT CIASTA

Składniki

- 3 szklanki mąki uniwersalnej i więcej w razie potrzeby
- 2 łyżeczki drożdży instant
- 2 łyżeczki koszernej soli
- 1 (12 uncji) piwa
- 1 łyżka oliwy z oliwek extra vergine

Kierunki

a) W średniej misce wymieszaj mąkę, drożdże i sól. Dodaj piwo i oliwę z oliwek i mieszaj drewnianą łyżką, aż się połączą. Przykryj miskę folią i pozostaw w temperaturze pokojowej, aż podwoi swoją objętość, na 1 do 2 godzin.

b) Gdy wszystko będzie gotowe do pieczenia, umieść 6-kwartowy żeliwny holenderski piekarnik lub ciężki garnek na stojaku umieszczonym na środku piekarnika. Rozgrzej piekarnik do 450 ° F. Gdy osiągnie temperaturę, pozwól holenderskiemu piekarnikowi rozgrzać się przez 30 minut.

c) Przełóż ciasto na obficie posypaną mąką powierzchnię roboczą. Dłońmi uformuj z ciasta kulę i umieść ją na dużym kawałku papieru do pieczenia.

d) Ostrożnie wyjmij holenderski piekarnik z piekarnika i umieść ciasto z pergaminem na środku. Przenieś garnek z powrotem do piekarnika, przykryj i piecz przez 30 minut. Ostrożnie zdejmij pokrywkę i kontynuuj pieczenie, aż chleb będzie miał głęboki złoty kolor, jeszcze około 15 minut

e) Ostrożnie wyjmij chleb z garnka i umieść go na stojaku do całkowitego ostygnięcia, na około 2 godziny.

2. Pieczone cynamonowe tosty brioche

PORCJI: 4

Składniki

- ¼ szklanki czystego syropu klonowego
- 2 łyżki brązowego cukru
- 4 łyżki solonego masła, stopionego
- 8 dużych jaj, ubitych
- 1 (14 uncji) puszka pełnotłustego niesłodzonego mleka kokosowego
- 3 łyżki burbona (opcjonalnie)
- 1 łyżka czystego ekstraktu waniliowego
- 2 łyżeczki mielonego cynamonu
- ½ łyżeczki soli koszernej
- 1 bochenek chleba brioche lub chałki, pokrojony na 8 grubych plasterków
- 2 łyżki solonego masła w temperaturze pokojowej
- Dowolny dżem owocowy do podania (opcjonalnie)
- Bita śmietana do podania (opcjonalnie)

Kierunki

a) Nasmaruj naczynie do pieczenia o wymiarach 9 × 13 cali. W naczyniu do pieczenia wymieszaj widelcem syrop klonowy, 1 łyżkę cukru i roztopione masło.

b) W dużej misce wymieszaj jajka, mleko kokosowe, bourbon (jeśli używasz), wanilię, 1 łyżeczkę cynamonu i sól. Zanurz każdy kawałek chleba w mieszance jajecznej, pozwalając im namoczyć przez co najmniej 1 minutę. Ułóż chleb w przygotowanym naczyniu do pieczenia i równomiernie polej pozostałą mieszaniną jajek.

c) W małej misce za pomocą szpatułki połącz 2 łyżki miękkiego masła, pozostałą 1 łyżkę cukru i pozostałą 1 łyżeczkę cynamonu. Równomiernie nałóż mieszankę masła na chleb w naczyniu do pieczenia. Przykryć folią lub folią spożywczą i wstawić do lodówki na 1 godzinę lub na całą noc.

d) Gdy będziesz gotowy do pieczenia, rozgrzej piekarnik do 375 ° F.

e) Piec, aż francuskie tosty będą złote i chrupiące, od 45 do 50 minut. Jeśli wierzchy chleba zaczną się zbyt szybko brązowieć, przykryj tosty francuskie luźno folią aluminiową i kontynuuj pieczenie.

f) Francuskie tosty podawaj na ciepło, posypane dżemem i bitą śmietaną, jeśli chcesz.

3. Jajka sadzone Frico i polenta

SERWY: 1

Składniki

- ¼ szklanki rozdrobnionego ostrego białego sera cheddar
- ¼ szklanki tartego parmezanu
- ½ szklanki ugotowanej kremowej polenty, podgrzanej
- 1 łyżka oliwy z oliwek extra vergine
- 2 duże jajka
- Sól koszerna i świeżo mielony pieprz
- 1 szklanka rozdartej boćwiny, młodego jarmużu lub kapusty włoskiej
- Zmiażdżone płatki czerwonej papryki, do podania

Kierunki

a) W małej misce wymieszaj cheddar i parmezan.

b) Rozgrzej dużą patelnię na średnim ogniu. Posyp mieszaninę sera na dwie 4-calowe rundy na dnie patelni i gotuj, aż ser zacznie się topić i twardnieć, od 1 do 2 minut. Za pomocą małej łyżeczki delikatnie rozprowadź polentę na krążkach sera i zrób zagłębienie na środku każdego kopca polenty.

c) Równomiernie skropić polentę oliwą z oliwek, wbić jajko do każdej studzienki i doprawić solą i pieprzem. Smaż, obracając od czasu do czasu patelnię, aż białka ubiją się wokół żółtka i zaczną chrupać na brzegach, około 2 minut. Dodaj warzywa wokół jajek, przykryj patelnię i gotuj, aż warzywa zwiędną, jeszcze 1 minutę. Zdejmij patelnię z ognia i podawaj z płatkami czerwonej papryki.

4. Maślane warstwy rogalika z szynką prosciutto

PORCJI: 8

Składniki

- 3 łyżki solonego masła, cienko pokrojonego, plus więcej do smarowania
- 6 croissantów, z grubsza porwanych na trzy części
- 8 dużych jaj
- 3 szklanki pełnego mleka
- 1 łyżka musztardy Dijon
- 1 łyżka posiekanej świeżej szałwii
- $\frac{1}{4}$ łyżeczki świeżo startej gałki muszkatołowej
- Sól koszerna i świeżo mielony pieprz
- 12 uncji mrożonego szpinaku, rozmrożonego i wyciśniętego do sucha
- $1\frac{1}{2}$ szklanki startego sera Gouda
- $1\frac{1}{2}$ szklanki startego sera Gruyère
- 3 uncje cienko pokrojone prosciutto, rozdarte

Kierunki

a) Rozgrzej piekarnik do 350 ° F. Nasmaruj naczynie do pieczenia o wymiarach 9 × 13 cali.

b) Ułożyć croissanty na dnie naczynia żaroodpornego i przykryć pokrojonym w plastry masłem. Piec do lekkiego opiekania, od 5 do 8 minut. Wyjąć i pozostawić do ostygnięcia na patelni, aż przestanie być gorący w dotyku, około 10 minut.

c) W średniej misce wymieszaj jajka, mleko, musztardę, szałwię, gałkę muszkatołową i szczyptę soli i pieprzu. Wymieszaj szpinak i ¾ szklanki każdego sera. Ostrożnie wlej mieszankę na podpieczone croissanty, równomiernie ją rozprowadzając. Na koniec posyp pozostałym serem i dodaj szynkę prosciutto. Przykryj i wstaw do lodówki na co najmniej 30 minut lub na całą noc.

d) Gdy będziesz gotowy do pieczenia, wyjmij warstwy z lodówki i rozgrzej piekarnik do 350 ° F.

e) Piec, aż środek warstw się zetnie, około 45 minut. Jeśli croissanty zaczną się brązowieć przed zakończeniem pieczenia warstw, przykryć folią i piec dalej.

f) Wyjmij warstwy z piekarnika i pozostaw do ostygnięcia na 5 minut przed podaniem.

5. Jajko w dziurce z pomidorem i boczkiem

ILOŚĆ ILOŚCI: 2 KANAPKI

Składniki

- 4 grube kromki chleba na zakwasie lub innego wiejskiego
- 2 łyżki solonego masła
- 2 plastry grubo pokrojonego boczku
- 4 duże jajka
- Sól koszerna i świeżo mielony pieprz
- 1 szklanka rozdrobnionego ostrego sera cheddar
- 4 plasterki pomidorów rodowych
- ¼ szklanki pesto cytrynowo-bazyliowego
- Kochanie, do podania

Kierunki

a) Używając 2-calowej okrągłej foremki do ciastek, wytnij 1 kółko ze środka każdej kromki chleba. Odrzuć koła lub przekąskę na nich. Rozsmaruj równomiernie obie strony chleba około 1 łyżką masła.

b) Umieść dużą patelnię na średnim ogniu. Dodaj bekon i gotuj, aż tłuszcz się wytopi, a boczek będzie chrupiący, około 5 minut. Zdjąć boczek z patelni i odsączyć na talerzu wyłożonym ręcznikiem papierowym.

c) Na tej samej patelni rozpuść pozostałą 1 łyżkę masła na średnim ogniu. Pracując w partiach w razie potrzeby, dodaj kromki chleba i gotuj, aż będą tostowane i złote na dnie, 2 do 3 minut. Odwróć tosty i wbij jajko w środkowy otwór każdego kawałka chleba. Dopraw solą i pieprzem i gotuj jeszcze 2-3 minuty, ponownie odwróć i posyp każdy kawałek chleba serem. Przykryj patelnię i gotuj, aż ser się roztopi, a jajko będzie ugotowane zgodnie z twoimi upodobaniami, od 30 sekund do 1 minuty. Zdjąć z patelni.

d) Aby złożyć, ułóż boczek, pomidory i pesto na serowej stronie dwóch kromek chleba i skrop miodem. Na każdym ułożyć kolejną kromkę chleba serem do dołu, uważając, aby nie rozbić jajka. Natychmiast podawaj.

6. Śniadaniowe tacos z awokado

PORCJI: 2

Składniki

- 4 duże jajka
- Sól koszerna i świeżo mielony pieprz
- 3 plastry grubo pokrojonego boczku, posiekanego, do podania
- 2 szalotki, cienko pokrojone, do podania
- 1 łyżka solonego masła
- ½ szklanki startego sera cheddar
- 4 tortille kukurydziane lub mączne, podgrzane
- 1 szklanka grubo posiekanego świeżego szpinaku lub młodego jarmużu
- 1 awokado, pokrojone
- 2 zielone cebule, posiekane, do podania
- Kawałki limonki, do serwowania
- salsa chipotle

Kierunki

a) W średniej misce wymieszaj jajka i szczyptę soli i pieprzu.

b) Umieść dużą patelnię na średnim ogniu. Dodaj bekon i gotuj, aż tłuszcz się wytopi, a boczek będzie chrupiący, około 5 minut. Zdjąć boczek z patelni i odsączyć na talerzu wyłożonym ręcznikiem papierowym. Boczek delikatnie rozgniatamy dłońmi.

c) Umieść szalotki na tej samej patelni i gotuj na średnim ogniu, mieszając od czasu do czasu, aż do karmelizacji, około 3 minut. Zdjąć szalotki z patelni i odsączyć na talerzu wyłożonym ręcznikiem papierowym. Szalotki będą chrupiące po wyschnięciu.

d) Wytrzyj patelnię i rozpuść w niej masło na średnim ogniu. Dodaj ubite jajka i gotuj bez przeszkód, aż wokół krawędzi patelni utworzy się cienka biała warstwa. Za pomocą gumowej szpatułki delikatnie przesuwaj jajka po patelni, aż będą puszyste i ledwo zestalone, około 2 minuty. Natychmiast przenieś jajka na talerz i delikatnie wymieszaj z serem.

e) Aby złożyć, na podgrzanych tortillach ułóż warzywa, jajka i awokado. Na wierzchu połóż boczek, szalotki i zieloną cebulkę. Podawać z kawałkami limonki i salsą.

7. salsa chipotle

Porcja: około 1½ filiżanki

Składniki

- 1 (14 uncji) puszka pieczonych pomidorów pokrojonych w kostkę
- ¼ szklanki papryczek chipotle w adobo
- 2 łyżki prażonych ziaren sezamu
- Sól koszerna

Kierunki

a) W blenderze lub robocie kuchennym zmiksuj pomidory i papryczki chipotle, aż będą w większości gładkie, około 1 minuty. Dodać ziarna sezamu i doprawić solą. Impuls do połączenia, około 30 sekund.

b) Spróbuj i dodaj więcej soli w razie potrzeby. Przechowywać w lodówce w hermetycznym pojemniku do 2 tygodni.

8. Dyniowe naleśniki crème fraîche

PORCJI: 4

Składniki

- ¾ szklanki masła dyniowego
- ½ szklanki crème fraîche
- 2 duże jajka
- 3 łyżki solonego masła, stopionego, plus więcej na patelnię
- 1½ szklanki pełnego mleka
- 1½ filiżanki codziennej mieszanki naleśników
- Bite masło klonowe do podania
- Syrop klonowy, do podania

Kierunki

a) W dużej misce wymieszaj masło dyniowe, crème fraîche, jajka, roztopione masło i mleko. Złóż mieszankę naleśników, aż się połączą. Przykryj i pozostaw na 10 minut w temperaturze pokojowej lub włóż do lodówki na noc.

b) Rozgrzej piekarnik do 150°F.

c) Na dużej patelni lub patelni rozpuść 1 łyżkę masła na średnim ogniu. Wlać $\frac{1}{4}$ szklanki ciasta naleśnikowego na patelnię. Gotuj, aż na powierzchni pojawią się bąbelki, około 2 minut, a następnie użyj szpatułki, aby delikatnie przewrócić naleśnik. Smaż z drugiej strony na złoty kolor, jeszcze około 1 minuty. Przełożyć naleśnik do naczynia żaroodpornego i trzymać w cieple w piekarniku.

d) Powtórz z pozostałym ciastem, dodając więcej masła na patelnię, jeśli to konieczne.

e) Przed podaniem posmaruj każdy naleśnik odrobiną masła klonowego. W razie potrzeby podawaj z syropem klonowym.

9. Bite masło klonowe

Wychodzi: ½ szklanki

Składniki

- ½ szklanki (1 patyk) solonego masła
- ¼ szklanki czystego syropu klonowego

Kierunki

a) W małym rondlu rozpuść masło na średnim ogniu, mieszając od czasu do czasu, aż masło będzie lekko rumiane, od 3 do 5 minut. Przenieś masło do miski miksera stojącego. Schładzamy w lodówce przez 20 minut.

b) Dodaj syrop klonowy do masła. Używając nasadki do ubijania, ubij schłodzone masło i syrop na średnich obrotach, aż będą lekkie i puszyste, od 1 do 2 minut. Przechowywać w lodówce w hermetycznym pojemniku do 2 tygodni

c) Jeśli nie masz pod ręką mieszanki na naleśniki na co dzień, zamiast tego połącz 1½ szklanki mąki uniwersalnej, 2 łyżeczki proszku do pieczenia i 1 łyżeczkę soli koszernej.

10. Serowe jajka taty

PORCJI: 2

Składniki

- 4 ciepłe, średnio ugotowane jajka
- ½ szklanki drobno posiekanego sera cheddar
- Sól koszerna i świeżo mielony pieprz
- Tosty z masłem, do podania
- 1 łyżka posiekanego świeżego szczypiorku i/lub bazylii do podania
- Zmiażdżone płatki czerwonej papryki, do podania

Kierunki

a) W średniej misce delikatnie rozgnieć widelcem ciepłe jajka i ser. Doprawiamy do smaku solą i czerwonym pieprzem.

b) Rozsmaruj mieszankę na grzance posmarowanej masłem i posyp szczypiorkiem i szczyptą płatków czerwonej papryki.

c) Upewnij się, że jajka są ciepłe, gdy mieszasz je z serem. Ich ciepło topi ser, co jest kluczowe. Jeśli ser się nie topi, włóż grzankę pod opiekacz na kilka sekund, aby całość była ciepła i smaczna.

11. Rozsuwany chleb jagodowo-cytrynowy

ILOŚĆ ILOŚCI: 2 ROZKŁADANE BOchenki

Składniki

- Masło, do posmarowania
- 4 uncje crème fraîche
- $\frac{1}{4}$ szklanki plus 1 łyżka miodu
- 2 łyżeczki czystego ekstraktu waniliowego
- Skórka i sok z 1 cytryny
- $\frac{1}{2}$ łyżeczki mielonego cynamonu
- Ciasto Na Chleb Codzienny, w temperaturze pokojowej
- 2 szklanki świeżych lub mrożonych jagód
- 1 łyżka świeżych listków tymianku

Kierunki

a) Nasmaruj dwie formy do pieczenia bochenków o wymiarach 9 × 5 cali.

b) Zrób nadzienie. W małej misce wymieszaj crème fraîche, 1 łyżkę miodu, wanilię, skórkę z cytryny, sok z cytryny i cynamon.

c) Zrób roladki. Wyłóż ciasto na lekko posypaną mąką powierzchnię roboczą, uderz w nie i rozwałkuj na prostokąt o wymiarach 10 × 16 cali o grubości około ½ cala, długim bokiem skierowanym do siebie. Na cieście rozsmarować krem crème fraîche i równomiernie posypać jagodami. Zaczynając od dłuższej krawędzi znajdującej się najbliżej ciebie, przeciągnij ciasto w górę i nad nadzieniem i ostrożnie zwiń je w kłodę, trzymając dość ciasno. Ściśnij krawędź, aby uszczelnić.

d) Obróć kłodę stroną do dołu i pokrój ją na 12 równych rolek. Umieść 6 bułek, szwem do dołu, w każdej przygotowanej blaszce; rolki powinny się stykać. Przykryj i pozostaw do wyrośnięcia w ciepłym miejscu, aż prawie podwoi swoją objętość, od 30 minut do 1 godziny.

e) Rozgrzej piekarnik do 350 ° F.

f) Piec bułki, aż lekko zbrązowieją na wierzchu, 45 do 50 minut. Odłóż na bok, by się delikatnie schłodziło.

g) Zrób miód tymiankowy. W międzyczasie połącz tymianek i pozostałe ¼ szklanki miodu w małym rondlu na małym ogniu. Gotuj, aż miód zacznie bulgotać, około 3 minut, i zdejmij patelnię z ognia.

h) Skrop chleb ciepłym miodem tymiankowym. Resztki przechowuj w lodówce w szczelnym pojemniku do 3 dni.

12. Muffiny kokosowo-bananowe

ILOŚĆ ILOŚCI: 12 MUFFINEK

Składniki

- ½ szklanki (1 sztyft) solonego masła, roztopionego
- ¼ szklanki miodu
- 2 łyżeczki czystego ekstraktu waniliowego
- 2 duże jajka
- 3 lub 4 bardzo dojrzałe banany, rozgniecione (1 szklanka rozgniecionego banana)
- ¼ szklanki pełnego mleka
- 2¼ szklanki plus 2 łyżki mąki uniwersalnej
- 2 łyżeczki proszku do pieczenia
- ½ łyżeczki sody oczyszczonej
- 1¾ łyżeczki mielonego cynamonu
- 1 szklanka mini chipsów czekoladowych (opcjonalnie)
- 1 szklanka niesłodzonych płatków kokosowych
- 3 łyżki zimnego solonego masła pokrojonego w kostkę

Kierunki

a) Rozgrzej piekarnik do 350 ° F. Formę na 12 muffinek wyłożyć papierowymi papilotkami.

b) W dużej misce połącz stopione masło, miód i wanilię. Dodaj jajka, jedno po drugim, i mieszaj, aż do całkowitego połączenia. Dodaj rozgniecione banany i mleko i mieszaj, aż dobrze się połączą. Dodaj $2\frac{1}{4}$ szklanki mąki, proszek do pieczenia, sodę oczyszczoną i $\frac{3}{4}$ łyżeczki cynamonu i mieszaj tylko do połączenia. Złóż kawałki czekolady (jeśli używasz). Rozłóż ciasto równomiernie w foremkach na muffiny, wypełniając każdą z nich do trzech czwartych.

c) W średniej misce wymieszaj wiórki kokosowe, pozostałe 2 łyżki mąki i pozostałą 1 łyżeczkę cynamonu. Dodaj masło i wyrabiaj rękami, aż powstanie krucha mieszanka. Posypać kruszonką ciasto, dzieląc je równomiernie.

d) Piec, aż wykałaczka wbita w środek muffinki wyjdzie czysta, od 20 do 22 minut. Muffiny podawaj na ciepło lub w temperaturze pokojowej. Resztki przechowuj w temperaturze pokojowej w szczelnym pojemniku do 5 dni.

13. Bułka cynamonowa na noc

WYKONANIE: 1 (9 × 5-CALOWY) BOchenek

Składniki

Bułeczki cynamonowe

- 6 łyżek bardzo miękkiego solonego masła plus więcej do smarowania
- ¾ szklanki zapakowanego jasnobrązowego cukru
- 1½ łyżeczki mielonego cynamonu
- Podstawowe ciasto na chleb powszedni, w temperaturze pokojowej

Lukier Chai

- 4 uncje sera śmietankowego w temperaturze pokojowej
- 4 łyżki solonego masła w temperaturze pokojowej
- 1¼ łyżeczki czystego ekstraktu waniliowego
- 1½ szklanki cukru pudru
- ½ łyżeczki mielonego cynamonu
- ¼ łyżeczki mielonego ziela angielskiego
- ¼ łyżeczki mielonego imbiru

- ¼ łyżeczki mielonego kardamonu

Kierunki

a) Zrób roladki. Formę do pieczenia o wymiarach 9 x 5 cali wysmarować masłem i wyłożyć papierem do pieczenia. W małej misce wymieszaj brązowy cukier i cynamon i odłóż na bok.

b) Gdy ciasto podwoi swoją objętość, przełóż je na lekko oprószoną mąką powierzchnię roboczą, uderz w nie i uformuj kulę za pomocą dłoni. Rozwałkuj ciasto na prostokąt (około 12 x 18 cali). Rozsmarować miękkie masło na cieście i posypać cukrem cynamonowym. Zaczynając od krawędzi ciasta najbliżej ciebie, zwiń ciasto w kłodę, trzymając ją mocno podczas ruchu. Ściśnij krawędzie kłody, aby ją uszczelnić.

c) Pokrój kłodę na 6 rolek i ułóż je przecięciem do góry na przygotowanej blaszce. Przykryć i odstawić na 45 minut do 1 godziny w ciepłe miejsce lub na całą noc do lodówki. Przed pieczeniem doprowadź ciasto do temperatury pokojowej.

d) Rozgrzej piekarnik do 350 ° F. Umieść patelnię na obrzeżonej blasze do pieczenia i piecz, aż się zrumieni na wierzchu, od 30 do 35 minut.

e) Zrób lukier. W misce miksera stojącego ubij serek śmietankowy, masło i wanilię, aż będą puszyste. Stopniowo ubijaj cukier puder, cynamon, ziele angielskie, imbir i kardamon, aż się połączą.

14.   Krem cytrynowy z jeżynami

Wychodzi 4 porcje

Składniki

- 1 szklanka nerkowców, namoczonych w wodzie przez 8 godzin, opłukanych i odsączonych
- 1 szklanka świeżo posiekanego soku z miąższu kokosa
- skórka z 3 cytryn
- 1 szklanka wody
- 4 szklanki dojrzałych jeżyn

Kierunki

a) Umieść orzechy nerkowca, kokos, sok z cytryny, skórkę z cytryny i wodę w robocie kuchennym i mieszaj, aż uzyskasz kremową i gładką konsystencję.

b) Lemon curd przełożyć do zamykanego pojemnika.

c) Umieść twaróg w lodówce, szczelnie zamknięty, aż będziesz gotowy do podania.

d) Wlej twaróg do miseczek i udekoruj jeżynami.

15. Musli śniadaniowe

Porcja: 1 porcja

Składniki

- 3/4 szklanki surowych orzechów
- 10 średnich daktyli, namoczonych i bez pestek
- 1 szklanka świeżych owoców, najlepiej mango, jagód lub bananów
- 1 łyżka startego świeżego surowego kokosa
- Mleko orzechowe do smaku

Kierunki

a) Za pomocą robota kuchennego zmiksuj razem orzechy i daktyle, aż orzechy będą prawie drobno zmielone

b) W misce wymieszaj ze świeżymi owocami i wiórkami kokosowymi.

c) Dopraw mlekiem orzechowym do smaku.

16. Surowy Wegański Jogurt

Porcje: 4 porcje

Składniki

- 1 szklanka orzechów makadamia lub nerkowców, namoczonych przez 2 godziny
- 1 szklanka przefiltrowanej wody
- 1 łyżka soku z cytryny

Kierunki

a) Umieść orzechy w blenderze z połową wody. Miksuj przez 20 sekund i dodaj pozostałą wodę.

b) Miksuj do uzyskania kremowej, gładkiej konsystencji.

c) Przenieś mieszaninę do czystego szklanego słoika i przykryj folią spożywczą, przytrzymując gumką recepturką. Odstawić w ciepłe miejsce do wyrośnięcia na 16 do 24 godzin.

d) Im dłużej stoi, tym większa fermentacja.

e) Wymieszaj sok z cytryny, jeśli używasz, i wstaw do lodówki, aby się schłodził.

17.   Surowe Jagodowe Crisp _

Porcje : 6-8

Składniki

- 30 uncji mieszanych jagód (truskawek , jagód , malin)
- 2 szklanki surowych orzechów włoskich lub surowych pekanów
- 1/4 szklanki niegotowanych płatków owsianych
- 2 łyżki syropu klonowego
- 1/4 łyżeczki cebuli w proszku

Wskazówki:

a) W dużej misce wymieszaj pokrojone truskawki i inne umyte jagody.

b) Przygotuj polewę w robocie kuchennym, pulsując wszystkie składniki, aż się wymieszają.

c) W naczyniu żaroodpornym o pojemności 1,4 litra (1,5 kwarty) dodaj większość mieszanki jagodowej, pozostawiając kilka łyżek stołowych. Rozsmaruj równo.

d) Teraz dodaj większość polewy na jagody, zachowując kilka łyżek stołowych.

e) Teraz posyp pozostałymi jagodami, a na koniec resztą polewy.

f) Podawać od razu lub schłodzić przez 1 godzinę.

18. Surowa kasza gryczana i kurkuma

SERWY 1

Składniki

- 1/2 szklanki surowej kaszy gryczanej
- 1/3 szklanki mleka owsianego, migdałowego lub sojowego
- 1 banan, obrany i pokrojony
- 1/3 łyżeczki mielonej kurkumy
- 1 szczypta mielonego czarnego pieprzu

Kierunki

a) Umieść wszystkie składniki w pojemniku miksującym lub blenderze ręcznym i miksuj, jakby jutra miało nie być. Mały robot kuchenny zmiksuje to, ale możesz nie uzyskać tak gładkiej konsystencji.

b) Podawaj z tym, czego dusza zapragnie.

c) Świeże owoce, chrupiąca granola, ziarna kakaowca i prażone orzechy są pyszne. To jest czas na kreatywność!

19. Migdałowy batonik makowy

Służy 1

Składniki

a) 3 łyżki maku, zmielonego

b) 5-7 daktyli, drobno posiekanych

c) ⅓ szklanki i 1 łyżka mleka migdałowego

d) ¼ łyżeczki cynamonu

Kierunki

a) Wszystkie składniki wymieszać ze sobą i odstawić na noc do lodówki.

b) Wyjmij, zamieszaj i ciesz się .

20. Śniadaniowe batoniki Zinger

Służy 5-6

Składniki

- 10 daktyli Medjool bez pestek
- 1/4 szklanki złotych jagód
- 1 szklanka bezglutenowych płatków owsianych
- Skórka otarta z jednej cytryny

Kierunki

a) Umieść owies w robocie kuchennym i przetwarzaj, aż owies będzie miał małe kawałki.

b) Dodaj złote jagody, daktyle i cytrynę i mieszaj, aż mieszanina będzie lepka.

c) Gdy mieszanina będzie lepka, uformuj batony.

d) Przechowywać w lodówce przez tydzień. Możesz podwoić porcję, aby zrobić więcej batoników zinger!

21. Surowe płatki zbożowe z mango i truskawkami

Porcje : 1

Składniki

C erealne

a) 1 1/2 szklanki mrożonego mango

b) 1 1/2 szklanki mrożonych truskawek

c) 1/2 szklanki bezzbożowej Rawnoli

B anana

d) 2 dojrzałe banany

e) 1 szklanka wody

Kierunki

a) W robocie kuchennym połącz zamrożone mango i mrożone truskawki. Przetwarzaj krótko, aby utworzyć kawałki wielkości kamyka. Nie przerabiaj, bo uzyskasz ładny krem.

b) Przełożyć do miski i wstawić do zamrażarki.

c) Wymieszaj banana i wodę, aby zrobić mleko bananowe. Dostosuj do pożądanej konsystencji, dodając więcej/mniej wody.

d) Wyjmij płatki z zamrażarki, dodaj Rawnola, polej mlekiem i ciesz się!

22. Surowe Bułki Cnamon

Porcje : 3-5

Składniki

- 15 organicznych daktyli bez pestek
- 4 duże dojrzałe ekologiczne banany
- 1/2 łyżeczki organicznego cynamonu
- Opcjonalnie: wanilia
- Opcjonalnie: dodatkowe przyprawy

Kierunki

a) Banany kroimy w pionie na 3 części.

b) Posyp banany cynamonem i umieść je w suszarce w temperaturze 115 F na 6-8 godzin.

c) Dodaj wszystkie daktyle do blendera wysokoobrotowego z odrobiną cynamonu, opcjonalnie wanilią i wodą.

d) Gdy banany będą mogły być trzymane bez pękania, ale nie całkowicie suche, weź plasterki i rozsmaruj wzdłuż nich karmel.

e) Zroluj banana z karmelem wokół siebie, aby uformować bułkę. W razie potrzeby posyp bułki karmelem daktylowym. Wierzch posypać cynamonem.

f) Ponownie włóż do suszarki na 6 godzin, aż się rozgrzeje.

23. Codzienne ciasto na chleb

PORCJI: 8

Składniki

- 1 szklanka ciepłego pełnego mleka
- 1 opakowanie suchych drożdży błyskawicznych
- 1 łyżka miodu
- 2 duże jajka, ubite
- 4 łyżki solonego masła, stopionego
- 3½ do 4 filiżanek mąki uniwersalnej
- ½ łyżeczki soli koszernej

Kierunki

a) W misce miksera stojącego wyposażonego w hak do wyrabiania ciasta, połącz mleko, drożdże, miód, jajka, masło, 3½ szklanki mąki i sól. Ubijaj, aż mąka zostanie całkowicie włączona, od 4 do 5 minut. Jeśli ciasto wydaje się lepkie, dodaj pozostałe ½ szklanki mąki.

b) Przykryj miskę folią i pozostaw w temperaturze pokojowej, aż podwoi swoją objętość, około 1 godziny.

24. Mieszanka naleśników na co dzień

WYKONANIE: OKOŁO 7 FILIŻANEK MIESZANKI NA NALEŚNIKI

Składniki

- 4 szklanki pełnoziarnistej mąki cukierniczej lub białej mąki pełnoziarnistej
- 3 szklanki mąki uniwersalnej
- 3 łyżki proszku do pieczenia
- 1 łyżka sody oczyszczonej
- 1 łyżka koszernej soli
- 1 łyżeczka mielonego cynamonu

Kierunki

a) W dużej misce wymieszaj obie mąki, proszek do pieczenia, sodę oczyszczoną, sól i cynamon.

b) Przełożyć do dużego szklanego słoika lub innego szczelnego pojemnika i przechowywać w chłodnym, suchym miejscu do 3 miesięcy.

25.	Wszystko przyprawa do bajgla

WYKONANIE: OKOŁO ⅓ FILIŻANKI

Składniki

- 2 łyżki prażonych białych nasion sezamu
- 1 łyżka prażonych ziaren czarnego sezamu
- 2 łyżki maku
- 2 łyżeczki granulowanej cebuli
- 2 łyżeczki granulowanego czosnku
- 2 łyżeczki płatków soli morskiej

Kierunki

a) W małym szklanym słoiczku z pokrywką połącz biały i czarny sezam, mak, cebulę, czosnek i sól i dobrze wymieszaj.

b) Przechowywać w temperaturze pokojowej w chłodnym, suchym miejscu do 3 miesięcy.

26. Cytrynowe pesto bazyliowe

ILOŚĆ: 1 FILIŻANKA

Składniki

- 2 szklanki zapakowanych świeżych liści bazylii
- 2 łyżki prażonych orzechów lub nasion, takich jak orzeszki piniowe, migdały lub surowe pestki dyni (pepitas)
- ⅓ szklanki startego parmezanu
- ¼ szklanki oliwy z oliwek z pierwszego tłoczenia
- Skórka i sok z 1 cytryny
- Szczypta pokruszonych płatków czerwonej papryki
- Sól koszerna

Kierunki

a) W blenderze lub robocie kuchennym połącz bazylię, orzechy, parmezan, oliwę z oliwek, skórkę z cytryny, sok z cytryny i płatki czerwonej papryki i pulsuj, aż będą gładkie, ale wciąż trochę grube, około 1 minuty.

b) Spróbuj i dodaj sól w razie potrzeby. Przechowywać w lodówce w hermetycznym pojemniku do 2 tygodni.

27. Idealne jajka szybkowarowe

Składniki

- 4 DO 6 DUŻYCH JAJ

Kierunki

a) Umieść jajka i 2 szklanki wody w szybkowarze elektrycznym. Zablokuj pokrywkę i gotuj pod wysokim ciśnieniem przez żądany czas gotowania. Po zakończeniu gotowania, szybkie lub naturalne zwolnienie, a następnie otwórz, gdy ciśnienie spadnie.

b) Umieść jajka w misce z lodowatą wodą, aż ostygną w dotyku, około 1 minuty. Obierz i użyj według uznania.

PRZYSTAWKI I PRZEKĄSKI

28. Tandetna quesadilla poblano i boczek

PORCJI: 4

Składniki

- 4 plastry grubo krojonego boczku, pokrojone w ćwiartki
- 2 papryczki poblano, pozbawione nasion i pokrojone w cienkie plasterki
- 8 dużych tortilli mącznych
- 1 szklanka rozdrobnionego sera pieprzowego Jack
- 1 szklanka świeżego szpinaku baby, grubo posiekanego
- 1 szklanka rozdrobnionego sera cheddar
- 2 łyżki oliwy z oliwek extra vergine
- Marynowana salsa z ananasem Jalapeño

Kierunki

a) Umieść boczek na zimnej dużej patelni na średnim ogniu. Gotuj, aż tłuszcz się wytopi, a boczek będzie chrupiący, od 4 do 5 minut. Przenieś boczek na talerz wyłożony ręcznikiem papierowym, aby odsączyć, zachowując tłuszcz na patelni.

b) Ponownie postaw patelnię na ogniu, dodaj poblanos i gotuj do miękkości, około 5 minut. Przełóż paprykę do małej miski.

c) Rozłóż 4 tortille na czystej powierzchni roboczej. Posyp każdy z ¼ szklanki sera pieprzowego Jack, a następnie równomiernie podziel szpinak, paprykę i bekon na 4 tortille. Zakończ każdy z ¼ szklanki sera cheddar i kolejną tortillą.

d) Wytrzyj patelnię i rozgrzej oliwę z oliwek na średnim ogniu. Gdy olej się zaświeci, dodaj quesadillas, pojedynczo. Gotuj, aż spód będzie chrupiący i złocistobrązowy, około 2 minut, następnie delikatnie odwróć i gotuj, aż tortilla będzie złota, a ser się roztopi, jeszcze 2 do 3 minut.

e) Podawać na gorąco z salsą obok.

29. Marynowana salsa z ananasem Jalapeño

Robi: 2 filiżanki

Składniki

- 2 szklanki czerwonych winogron, przekrojonych na pół, jeśli są duże
- $\frac{1}{4}$ szklanki miodu
- 1 łyżka solonego masła
- Płatkowata sól morska
- 6 kromek chleba wiejskiego lub pełnoziarnistego, podpieczonego
- 1 szklanka pełnotłustego sera ricotta
- Biały ocet balsamiczny lub balsamiczny do skropienia (opcjonalnie)
- 2 łyżki świeżych listków tymianku do dekoracji

Kierunki

a) Rozgrzej piekarnik do 425 ° F.

b) W naczyniu do pieczenia o wymiarach 9 × 13 cali połącz winogrona, miód, masło i szczyptę soli. Piec, aż winogrona zaczną pękać, od 15 do 20 minut. Odłóż na bok, by się delikatnie schłodziło

c) W międzyczasie posmaruj każdy kawałek chleba tostowego ricottą, dzieląc go równomiernie. Nałóż pieczone winogrona na ricottę i posyp każdy kawałek odrobiną octu (jeśli używasz), tymiankiem i solą w płatkach.

30. Trzyskładnikowe kęsy sera pleśniowego

PORCJI: 8

Składniki

- ½ szklanki (1 patyk) solonego masła
- 1 (12 uncji) puszka kruche ciasto biszkoptowe
- 4 uncje pokruszonego niebieskiego sera
- Świeże liście pietruszki lub tymianku, grubo posiekane, do dekoracji (opcjonalnie)

Kierunki

a) Rozgrzej piekarnik do 375 ° F.

b) Umieść masło w 9-calowym szklanym talerzu do ciasta i wstaw do kuchenki mikrofalowej, aby się stopiło.

c) Podziel ciasto na osobne ciastka i pokrój każdy na ćwiartki. Umieść kawałki na talerzu do ciasta i wymieszaj, aby pokryły się masłem. Równomiernie posypać serem pleśniowym na cieście.

d) Piec, aż wierzch będzie lekko rumiany i musujący, od 15 do 20 minut. W razie potrzeby udekoruj świeżą pietruszką i podawaj.

31. Burrata z pepperonatą

SERWUJE 6

Składniki

- ⅓ szklanki oliwy z oliwek extra virgin
- 3 czerwone, żółte lub pomarańczowe papryki, pozbawione nasion i pokrojone w cienkie plasterki
- 2 szklanki pomidorków koktajlowych
- 2 ząbki czosnku, rozgniecione
- 2 łyżki świeżych listków tymianku
- 1 łyżka świeżych liści oregano
- 1 łyżka octu balsamicznego
- Szczypta pokruszonych płatków czerwonej papryki
- Szczypta soli koszernej
- 8 uncji sera burrata
- Listki świeżej bazylii, do dekoracji
- Krakersy lub chleb tostowy do podania

Kierunki

a) Podgrzej średnią patelnię na średnim ogniu. Dodaj oliwę z oliwek, paprykę, pomidory, czosnek, tymianek, oregano, ocet, płatki czerwonej papryki i sól i wymieszaj. Gotuj, aż papryka będzie miękka, a czosnek zacznie pachnieć, około 15 minut. Zdejmij patelnię z ognia.

b) Ułóż burratę na talerzu do serwowania i ułóż pepperonatę wokół sera. Udekoruj listkami bazylii. Podawaj z krakersami lub tostami z chleba.

32. Roladki z ziołami i czosnkiem

ILOŚĆ: 12 ROLEK

Składniki

- Rozsuwane rolki
- Podstawowe ciasto na chleb codzienny
- 1 ząbek czosnku, starty
- Ziołowe Masło Czosnkowe
- 4 łyżki solonego masła plus więcej do smarowania
- 3 ząbki czosnku, starte
- 1 łyżka włoskiej przyprawy
- ¼ szklanki tartego parmezanu
- Sól koszerna (opcjonalnie)
- Świeże liście bazylii lub oregano, podarte, do podania

Kierunki

a) Rozgrzej piekarnik do 350 ° F. Nasmaruj naczynie do pieczenia o wymiarach 9 × 13 cali.

b) Zrób roladki. Przygotuj podstawowe ciasto na chleb na co dzień, dodając starty czosnek do ciasta podczas miksowania w mikserze stojącym.

c) Lekko oprósz powierzchnię roboczą mąką. Rozwałkuj ciasto, uderz je i podziel na 12 równych kulek. Ułóż kulki ciasta w przygotowanym naczyniu do pieczenia. Przykryj naczynie folią spożywczą i pozostaw bułeczki do wyrośnięcia w ciepłym miejscu, aż napęcznieją i prawie podwoją swoją objętość, około 20 minut.

d) Piec bułki, aż ich szczyty będą złocistobrązowe, około 20 minut.

e) Zrób masło. Na małej patelni roztop masło na małym ogniu. Dodaj czosnek i włoską przyprawę i gotuj na małym ogniu, aż masło będzie lekko rumiane, a czosnek złocisty, około 3 minut. Zdejmij patelnię z ognia i wymieszaj z parmezanem.

f) Posmaruj bułki ciepłym ziołowym masłem czosnkowym i posyp solą, jeśli chcesz. Posypać świeżą bazylią do dekoracji. Rozłóż je i podawaj na ciepło.

33.	Pieczone w piekarniku frytki Cajun

PORCJI: 4

Składniki

- 4 średnie rudawe ziemniaki, pokrojone w ¼-calowe pałeczki
- ¼ szklanki oliwy z oliwek z pierwszego tłoczenia
- 2 łyżki świeżych listków tymianku
- 2 łyżeczki domowej roboty przyprawy kreolskiej
- 2 łyżeczki wędzonej papryki
- ½ łyżeczki mielonego pieprzu cayenne
- Płatkowata sól morska

Kierunki

a) Rozgrzej piekarnik do 425 ° F.

b) Umieść ziemniaki na dużej blasze do pieczenia z obrzeżami (lub dwóch, jeśli to konieczne), uważając, aby nie przepełnić patelni. Skrop oliwą z oliwek i dopraw tymiankiem, przyprawą kreolską, papryką, cayenne i dużą szczyptą soli. Delikatnie wrzuć do płaszcza i równomiernie rozprowadź.

c) Piecz przez 15 do 20 minut, aż będą złote, odwróć i piecz, aż będą głęboko złote i chrupiące, jeszcze 15 do 20 minut.

34. Balsamiczna tarta brzoskwiniowo-brie

SERWUJE 6

Składniki

- 1 arkusz mrożonego ciasta francuskiego, rozmrożonego
- ⅓ szklanki Pesto Cytrynowo-Bazyliowego
- 1 (8 uncji) koła Ser Brie, ze skórką i pokrojony w plasterki
- 2 dojrzałe brzoskwinie pokrojone w cienkie plasterki
- Oliwa z oliwek z pierwszego tłoczenia
- Sól koszerna i świeżo mielony pieprz
- 3 uncje cienko pokrojone prosciutto, rozdarte
- ¼ szklanki octu balsamicznego
- 2 do 3 łyżek miodu
- Listki świeżej bazylii, do podania

Kierunki

a) Rozgrzej piekarnik do 425 ° F. Wyściełaną blachę do pieczenia wyłożyć papierem do pieczenia.

b) Delikatnie rozwałkuj ciasto francuskie na czystej powierzchni roboczej na grubość 1/8 cala i przenieś je na przygotowaną blachę do pieczenia. Nakłuj ciasto widelcem, a następnie równomiernie rozprowadź pesto na cieście, pozostawiając $\frac{1}{2}$-calową krawędź. Ułóż brie i brzoskwinie na wierzchu pesto i skrop lekko oliwą z oliwek. Doprawić solą i pieprzem i ułożyć prosciutto. Brzegi ciasta posypać pieprzem.

c) Piecz, aż ciasto będzie złote, a szynka prosciutto będzie chrupiąca, od 25 do 30 minut.

d) Tymczasem w małej misce wymieszaj ocet i miód.

e) Wyjmij tartę z piekarnika, udekoruj listkami bazylii i skrop mieszanką miodu. Pokrój na kawałki i podawaj na ciepło.

35. Tłuczone ziemniaki

SERWUJE 6

Składniki

- 8 średnich ziemniaków Yukon gold, obranych w razie potrzeby
- 4 ząbki czosnku, rozgniecione
- 1 łyżeczka soli koszernej
- Świeżo zmielony pieprz
- ¾ szklanki pełnego mleka lub śmietanki
- ½ szklanki startego parmezanu
- 2 łyżki serka mascarpone
- 6 łyżek solonego masła
- 1 łyżka posiekanych świeżych listków szałwii

Kierunki

a) W garnku szybkowarowym połącz ziemniaki, czosnek, sól i szczyptę pieprzu i zalej 3 do 4 szklanek wody, aby zanurzyć ziemniaki.

b) Zamknij pokrywkę i gotuj pod wysokim ciśnieniem przez 10 minut. Szybkie lub naturalne uwalnianie, a następnie otwórz, gdy ciśnienie ustąpi. Odcedź ziemniaki i włóż je z powrotem do szybkowaru. Dodać mleko i zmiksować tłuczkiem do ziemniaków lub mikserem ręcznym, aż będzie gładkie i kremowe. Wymieszaj parmezan i mascarpone, aż się połączą.

c) W międzyczasie na małej patelni rozpuść masło na średnim ogniu, aż się zrumieni, ubijając zrumienione kawałki z dna patelni przez około 3 minuty. Wymieszaj szałwię i gotuj, aż zacznie pachnieć, około 30 sekund. Wlać zrumienione masło do ciepłych puree ziemniaczanego i wymieszać do połączenia.

d) Spróbuj i w razie potrzeby dodaj więcej soli i pieprzu.

36. Brukselka Cacio e pepe

SERWUJE 6

Składniki

- 2 łyżki oliwy z oliwek extra vergine
- 1½ łyżeczki świeżo zmielonego pieprzu
- Kruszone płatki czerwonej papryki
- 1 (12 uncji) torebka rozdrobnionej brukselki
- 2 łyżki solonego masła
- 1 łyżeczka soli koszernej
- 1½ szklanki startego parmezanu, plus więcej do serwowania
- Skórka otarta z 1 cytryny
- ⅓ szklanki prażonych orzechów laskowych lub pekan, grubo posiekanych

Kierunki

a) Na dużej patelni na średnim ogniu gotuj razem oliwę z oliwek, pieprz i płatki czerwonej papryki, aż się zrumienią, od 30 sekund do 1 minuty. Dodaj brukselkę i gotuj bez mieszania, aż zaczną mięknąć, około 2 minut.

b) Wymieszaj masło, dopraw solą i gotuj, aż brukselka zacznie się zwęglać, około 2 minut. Zdejmij patelnię z ognia i dodaj parmezan, skórkę z cytryny i orzechy laskowe.

c) Podawaj na ciepło, posypane świeżym parmezanem.

37. Kawałki cukinii zawijane w szynkę prosciutto

ILOŚĆ: 18 DO 20 ROLEK

Składniki

- 4 małe lub 2 średnie cukinie, pokrojone wzdłuż na bardzo cienkie wstążki
- 1 łyżka oliwy z oliwek extra vergine
- Sól koszerna i świeżo mielony pieprz
- 6 uncji koziego sera
- 1 łyżka świeżego tymianku plus więcej do serwowania
- 2 łyżeczki miodu, plus więcej do serwowania
- Skórka z ½ cytryny
- ¼ szklanki suszonych pomidorów w oleju, odsączonych i posiekanych
- ¼ szklanki świeżych liści bazylii, posiekanych
- 10 cienkich plastrów prosciutto, przekrojonych wzdłuż na pół

Kierunki

a) Rozgrzej piekarnik do 425 ° F. Wyściełaną blachę do pieczenia wyłożyć papierem do pieczenia.

b) W dużej misce wymieszaj wstążki cukinii z oliwą z oliwek i szczyptą soli i pieprzu.

c) W małej misce wymieszaj kozi ser, tymianek, miód, skórkę z cytryny, suszone pomidory, bazylię i szczyptę soli i pieprzu.

d) Pracując z jednym na raz, rozłóż wstążkę cukinii na czystej powierzchni roboczej. Nałóż 1 łyżkę mieszanki serowej na jeden koniec i zwiń wstążkę. Owiń kawałek szynki prosciutto wokół cukinii, aby ją zabezpieczyć. Ułóż roladki łączeniem do dołu na przygotowanej blasze do pieczenia. Powtórz z pozostałymi wstążkami cukinii.

e) Piecz, aż prosciutto będzie chrupiące, od 20 do 25 minut. Bułki będą trochę wyciekać; to jest w porządku. Pozwól im ułożyć się na blasze do pieczenia przez 6 minut przed podaniem posypanych świeżym tymiankiem i skropionych miodem.

38.   Wyjątkowo gładki hummus

PORCJI: 8

Składniki

- 2 (14 uncji) puszki ciecierzycy
- 2 ząbki czosnku, rozgniecione
- $\frac{1}{4}$ łyżeczki mielonego kminku
- Sok z 1 cytryny, plus więcej w razie potrzeby
- $\frac{1}{2}$ szklanki tahiny
- 2 łyżki oliwy z oliwek z pierwszego tłoczenia, plus więcej do serwowania
- Płatkowata sól morska
- Prażone orzeszki piniowe, do podania (opcjonalnie)

Kierunki

a) W szybkowarze połącz ciecierzycę, płyn z puszek i czosnek. Zamknij pokrywkę i gotuj pod wysokim ciśnieniem przez 10 minut. Szybkie lub naturalne uwalnianie, a następnie otwórz, gdy ciśnienie ustąpi.

b) Zachowaj $\frac{1}{2}$ szklanki płynu z gotowania i odcedź resztę. Przenieś ciecierzycę i czosnek do robota kuchennego i pulsuj, aż będą w większości gładkie, około 3 minut. Dodaj kminek, sok z cytryny, tahini i oliwę z oliwek i pulsuj, aby połączyć, około 1 minuty. Podczas ucierania powoli dodawaj płyn z gotowania, po 1 łyżce stołowej, aż do uzyskania pożądanej konsystencji. Spróbuj i dodaj sól w razie potrzeby.

c) Hummus przełożyć łyżką do miseczki. Podawaj z oliwą z oliwek i prażonymi orzeszkami pinii, jeśli chcesz. Przechowuj hummus w lodówce w szczelnym pojemniku do 1 tygodnia.

39. Dynia Żołędziowo-Klonowo-Cynamonowa

PORCJI: 4

Składniki

- 2 kabaczki żołędziowe, przekrojone wzdłuż na pół i usunięte nasiona
- 3 łyżki czystego syropu klonowego
- 1 łyżeczka mielonego cynamonu
- Sól koszerna
- 4 łyżki solonego masła

Kierunki

a) Rozgrzej piekarnik do 425 ° F. Wyściełaną blachę do pieczenia wyłożyć papierem do pieczenia.

b) Ułóż dynię przecięciem do dołu na przygotowanej blasze do pieczenia. Piec do miękkości widelca, około 15 minut. Wyjmij z piekarnika i ostrożnie odwróć każdą połówkę dyni. Polej dynię syropem klonowym i posyp równomiernie cynamonem i solą. Na środek każdego nałóż łyżkę masła. Włóż dynię z powrotem do piekarnika i piecz, aż dynia zacznie się karmelizować i brązowieć, jeszcze około 30 minut.

c) Wyjąć z piekarnika i zamieszać łyżką masło wokół kabaczka, aby równomiernie pokryć każdą połówkę. Podawaj na ciepło.

40. Ogórki kiszone w plasterkach

Wychodzi około 1 filiżanki

Składniki

- 1 szklanka ogórka, pokrojonego w ¼-calowe plasterki
- 1 łyżeczka proszku cebulowego
- 2 łyżki soku z cytryny

Kierunki

a) W misce mieszamy ze sobą składniki. Umieścić w prasie do ogórków, pod ciśnieniem.

b) Lub umieść talerz na mieszance w misce i ułóż na nim ciężkie talerze.

c) Odstawić na jeden dzień w temperaturze pokojowej.

d) To będzie przechowywać w lodówce przez kilka dni.

41. kandyzowane Ignamy

Serwuje 4

Składniki:

- 4 ignamy lub słodkie ziemniaki, obrane
- 1 lub 2 łyżki surowego miodu lub surowego nektaru z agawy

Kierunki

a) W robocie kuchennym, używając ostrza S, przetwarzaj ignamy, aż będą gładkie.

b) Dodaj słodzik po trochu, przetwarzając za każdym razem, gdy dodajesz, a następnie degustuj, aż do uzyskania pożądanej słodyczy.

c) Uważaj, aby nie przesłodzić.

42. Awokado Faszerowane Sałatką

Porcje : 4

Składniki

- 2 szklanki posiekanej czerwonej kapusty
- 3/4 szklanki startej marchewki
- 1/2 szklanki ogolonej czerwonej cebuli
- Sok z 1 limonki
- 2 awokado, przekrojone na pół i bez pestek

Kierunki

a) W średniej misce wymieszaj obie kapusty, marchewkę i czerwoną cebulę

b) Wlać sok z limonki na kapustę i wymieszać.

c) Ostrożnie zrób dziurę w każdej połówce awokado. Napełnij surówką i Cieszyć się!

43. Surowe roladki z cukinii

Porcje: 3

Składniki

- 1 średnia cukinia
- 150 g serka śmietankowego z nerkowców
- 2 łyżki soku z cytryny
- 5 listków świeżej bazylii
- garść orzechów włoskich

Kierunki

a) W misce wymieszaj ser z nerkowców z sokiem z cytryny i świeżo posiekaną bazylią.

b) Dodać garść posiekanych orzechów.

c) Za pomocą obieraczki do ziemniaków wycinamy z cukinii długie paski,

d) Umieść około 1 łyżeczkę mieszanki serowej na każdym pasku.

e) Zawiń pasek cukinii na masę serową i udekoruj świeżą bazylią.

44. Pieczarki faszerowane pesto z orzechów nerkowca

Porcje 12 pieczarek

Składniki

- 10 uncji całe grzyby Cremini, usunięte środkowe łodygi
- 15-20 dużych listków bazylii
- sok i skórka z 1 cytryny
- 2/3 szklanki surowych nerkowców
- Czarny pieprz do smaku

Kierunki

a) W robocie kuchennym lub blenderze połącz bazylię, sok z cytryny i orzechy nerkowca.

b) Doprawić pieprzem i pulsującym robotem kuchennym, aż z grubsza posiekać.

c) Miksuj przez około 30 sekund, aż pesto będzie gładkie i kremowe.

d) Ułóż kapelusze pieczarek otwartą stroną do góry na półmisku. Na kapelusze pieczarek nałożyć pesto.

e) Posyp startą skórką z cytryny i udekoruj całymi orzechami nerkowca.

45. Sałatka Caprese z Awokado

Porcje: 6 porcji

Składniki

- 4 średnie pomidory rodowe
- 3 średnie awokado
- 1 duży pęczek świeżej bazylii
- 1 sok z cytryny

Kierunki

a) Pokrój awokado wokół równika i usuń pestkę. Pokrój w plastry, a następnie usuń skórkę.

b) Lekko wrzuć plasterki awokado do soku z cytryny.

c) Pokrój pomidory.

d) Ułóż plastry pomidora, plastry awokado i liście bazylii. Cieszyć się!

46. Surowe Taco Łódki

Porcje 4

Składniki

- 1 główka sałaty rzymskiej
- 1/2 szklanki surowego hummusu z buraków
- 1 szklanka przekrojonych na pół pomidorków koktajlowych
- 3/4 szklanki cienko pokrojonej czerwonej kapusty
- 1 średnio dojrzałe awokado (pokrojone w kostkę)

Kierunki

a) Ułóż łódeczki sałaty na półmisku i zacznij napełniać 1-2 łyżkami stołowymi (15-30 g) hummusu.

b) Następnie udekoruj pomidorami, kapustą i awokado.

47. Ukąszenia kalafiora bawolego z czarnego pieprzu

SERWUJE 6

Składniki

- ½ szklanki oliwy z oliwek extra virgin
- ½ szklanki ostrego sosu, takiego jak Frank's Red-hot
- 2 łyżeczki wędzonej papryki
- 1 do 2 łyżeczek świeżo zmielonego pieprzu, plus więcej do smaku
- 1 łyżeczka czosnku w proszku
- Sól koszerna
- 2 główki kalafiora, podzielone na różyczki (około 6 filiżanek)
- 1¼ szklanki bułki tartej panko
- ½ szklanki startego parmezanu
- ⅓ szklanki startego sera cheddar

Kierunki

a) Rozgrzej piekarnik do 425 ° F. Wyściełaną blachę do pieczenia wyłożyć papierem do pieczenia.

b) Zrób kalafior. W średniej misce połącz oliwę z oliwek, ostry sos, paprykę, pieprz, czosnek w proszku i szczyptę soli.

c) W dużej misce umieść kalafior i dodaj połowę sosu, pozostawiając pozostały sos do innego wykorzystania. Wrzucić do płaszcza. W płytkiej misce wymieszaj bułkę tartą i parmezan.

d) Zanurz kalafior w bułce tartej, dociskając, aby się przywarł. Umieść na przygotowanej blasze do pieczenia i powtórz z pozostałym kalafiorem.

e) Piec do miękkości i złocistego koloru, około 20 minut. Wyjmij kalafior z piekarnika i posyp cheddarem na wierzchu. Ponownie włóż blachę do pieczenia do piekarnika i kontynuuj pieczenie, aż kalafior będzie złoty, a ser zacznie chrupiący, jeszcze 10 do 15 minut.

DANIE GŁÓWNE

48. 15-minutowy ramen z masłem czosnkowym

PORCJI: 2

Składniki

- 6 łyżek solonego masła
- 4 ząbki czosnku, posiekane lub starte
- 1 (1-calowy) kawałek świeżego imbiru, obrany i starty
- 2 do 3 filiżanek drobno posiekanych, liściastych ciemnozielonych, takich jak szpinak lub jarmuż
- 2 paczki makaronu ramen z brązowego ryżu, wyrzucić opakowanie przypraw
- 3 łyżki niskosodowego sosu sojowego
- $\frac{1}{4}$ szklanki świeżej bazylii, posiekanej, plus więcej do serwowania
- 2 jajka sadzone, do podania (opcjonalnie)
- Prażone nasiona sezamu, do podania (opcjonalnie)
- Świeżo zmielony pieprz

Kierunki

a) Na dużej patelni na średnim ogniu rozpuść masło, a następnie dodaj czosnek i imbir, ciągle mieszając. Gotuj, aż czosnek zacznie pachnieć i zacznie się karmelizować, od 3 do 4 minut. Dodaj warzywa i gotuj, aż zwiędną, jeszcze 2 do 3 minut.

b) W międzyczasie ugotować makaron zgodnie z instrukcją na opakowaniu. Odpływ.

c) Dodaj makaron i sos sojowy na patelnię, mieszając z masłem czosnkowym. Zdjąć z ognia i dodać bazylię, wymieszać.

d) Podziel makaron na dwie miski i dodaj do każdej smażone jajko, nasiona sezamu i więcej bazylii, jeśli chcesz. Doprawić pieprzem.

49. Pieczarkowe „steki z serem"

PORCJI: 4

Składniki

- 2 łyżki niesolonego masła
- 1 duża żółta cebula, cienko pokrojona
- 1 łyżka niskosodowego sosu sojowego
- 4 pieczarki portobello pokrojone w plastry
- 2 ząbki czosnku, drobno posiekane
- 2 papryczki poblano, pokrojone
- 1 czerwona papryka, pokrojona w plasterki
- 1 łyżka posiekanego świeżego oregano
- Sól koszerna i świeżo mielony pieprz
- 4 bułki hoagie, przekrojone na pół
- 4 plastry sera provolone
- Smakowity Sos

Kierunki

a) W powolnym garnku połącz masło, cebulę i sos sojowy. Dodaj grzyby, czosnek, papryczki poblano, paprykę, oregano i szczyptę soli i pieprzu. Przykryj i gotuj, aż warzywa będą miękkie, około 4 godzin na niskim poziomie, 2 do 3 godzin na wysokim poziomie.

b) Rozgrzej piekarnik do 400 ° F.

c) Podziel grzyby i paprykę na bułki hoagie, a następnie posyp je serem provolone. Zawiń każdą hoagie w arkusz papieru pergaminowego, a następnie w folię i umieść bezpośrednio na ruszcie piekarnika, aż ser się rozpuści, około 5 minut.

d) Podawaj natychmiast, z sosem mniam mniam na boku, jeśli chcesz.

50. Miska falafelowa z awokado

SERWUJE 6

Składniki

Falafel

- 1 szklanka posiekanej marchwi
- 1 (14,5 uncji) puszka ciecierzycy, odsączona i opłukana
- ½ szklanki mąki uniwersalnej
- ¼ szklanki surowego sezamu
- 2 ząbki czosnku, starte
- 1 łyżeczka mielonego kminku
- Sól koszerna i świeżo mielony pieprz
- Olej roślinny, do smażenia

Sałatka z komosy ryżowej

- ½ szklanki świeżej pietruszki, posiekanej
- 2 łyżki posiekanego świeżego koperku lub mięty, plus więcej do serwowania
- 1 papryczka jalapeño, pozbawiona nasion i posiekana
- Nasiona z 1 granatu
- Sok z 1 cytryny

- Sól koszerna
- 2 szklanki ugotowanej komosy ryżowej
- 1 awokado, pokrojone
- 2 perskie ogórki pokrojone w plasterki

Cytrynowe Tahini

- ¼ szklanki solonej tahini
- Sok z ½ cytryny
- 1 (1-calowy) kawałek świeżego imbiru, obrany i starty

Kierunki

a) Zrób falafel. Dodaj marchewki do robota kuchennego i pulsuj, aż zostaną drobno posiekane, około 1 minuty. Dodaj ciecierzycę, mąkę, sezam, czosnek, kminek i szczyptę soli i pieprzu. Pulsuj, aż mieszanina się połączy i utworzy ciasto, od 30 sekund do 1 minuty. Za pomocą miarki i dłoni uformuj z ciasta kulki wielkości łyżeczki.

b) Przymocuj termometr do boku dużego rondla z grubym dnem. Dodaj około 1 cala oleju i podgrzej do 375 ° F. Pracując w partiach, dodaj kulki falafelowe i smaż, aż będą złote i ugotowane, od 2 do 3 minut. Za pomocą pająka lub łyżki cedzakowej wyjąć kulki z rondla i odsączyć na talerzu wyłożonym ręcznikiem papierowym.

c) Zrób sałatkę z komosy ryżowej. W dużej misce dodaj pietruszkę, koperek, jalapeño, pestki granatu, sok z cytryny, sól, komosę ryżową, awokado i ogórki. Wrzucić do połączenia.

d) Zrób cytrynową tahini. W małej misce wymieszaj tahini, sok z cytryny i imbir, aż do całkowitego połączenia. Dodaj wodę, łyżeczka na raz, do rozcieńczenia w razie potrzeby.

e) Podziel sałatkę na sześć misek. Na każdej z nich ułożyć 3 lub 4 kulki falafelowe, skropić cytrynową pastą tahini i udekorować posiekanym koperkiem przed podaniem.

51. Marokański tagine z ciecierzycy i marchwi

SERWUJE 6

Składniki

- 1 średnio słodka cebula, drobno posiekana
- 1 (1-calowy) kawałek świeżego imbiru, obrany i starty
- 2 ząbki czosnku, posiekane lub starte
- 4 marchewki, posiekane
- 1 czerwona papryka, pozbawiona nasion i posiekana
- 1 (14 uncji) puszka pokrojonych w kostkę pomidorów
- 2 łyżki pasty harisa
- 2 łyżeczki wędzonej papryki
- $\frac{3}{4}$ łyżeczki mielonego kminku
- $\frac{3}{4}$ łyżeczki mielonego cynamonu
- Sól koszerna i świeżo mielony pieprz
- Sok z $\frac{1}{2}$ cytryny
- 2 (14 uncji) puszki ciecierzycy, odsączone i wypłukane
- $\frac{1}{2}$ szklanki świeżej kolendry, posiekanej

- Gotowany kuskus lub naan do podania

- Nasiona z 1 granatu (około 1 szklanki), do podania

- Świeża mięta, do podania

Kierunki

a) W powolnym garnku połącz cebulę, imbir, czosnek, marchewkę, paprykę, pomidory, harissę, 1 szklankę wody, paprykę, kminek, cynamon i dużą szczyptę soli i pieprzu. Mieszaj do połączenia. Przykryj i gotuj na niskim poziomie przez 6 do 8 godzin lub na wysokim poziomie przez 4 do 6 godzin.

b) Tuż przed podaniem wymieszaj sok z cytryny, ciecierzycę i kolendrę i gotuj, aż ciecierzyca się podgrzeje, około 5 minut. W razie potrzeby dodaj więcej wody, aby rozrzedzić tagine.

c) Podawać z kuskusem lub chlebem naan i posypać pestkami granatu i miętą.

d) Resztki przechowuj w lodówce w szczelnym pojemniku do 3 dni.

52. Podkładka wegetariańska zobacz ew

PORCJI: 4

Składniki

- 8 uncji makaronu ryżowego
- ⅓ szklanki niskosodowego sosu sojowego
- 1 łyżka sosu rybnego
- 1 łyżka sosu ostrygowego
- 1 łyżka miodu
- 2 łyżki oleju arachidowego
- 2 ząbki czosnku, posiekane lub starte
- 4 szklanki mieszanych warzyw, takich jak chińskie brokuły, papryka, marchew, brokuły, kalafior, groszek śnieżny
- 1 papryczka jalapeño, pozbawiona nasion i posiekana (opcjonalnie)
- 2 duże jajka, ubite
- 2 posiekane zielone cebule lub 1 łyżka posiekanej kolendry do podania

Kierunki

a) Doprowadź duży garnek wody do wrzenia na dużym ogniu. Dodaj makaron ryżowy i gotuj zgodnie z instrukcją na opakowaniu, aż zmięknie. Odcedź i odłóż na bok.

b) W międzyczasie w małej misce wymieszaj sos sojowy, sos rybny, sos ostrygowy, miód i ¼ szklanki wody.

c) Rozgrzej olej na dużej patelni na średnim ogniu. Gdy olej się zaświeci, dodaj czosnek, warzywa i jalapeño (jeśli używasz) i gotuj, aż warzywa będą miękkie, około 5 minut. Przesuń warzywa na jedną stronę patelni. Dodaj jajka na pustą stronę patelni i gotuj, delikatnie je mieszając, aż się ugotują, około 2 minut. Dodaj mieszankę makaronu i sosu sojowego na patelnię i delikatnie wymieszaj, aby połączyć wszystkie składniki. Dusić pad zobacz ew przez 5 minut lub do momentu, aż sos pokryje makaron.

d) Posyp zieloną cebulką i natychmiast podawaj.

53. Curry Wrapy Sałaty Spring Roll

PORCJI: 4

Składniki

- 8 uncji makaronu ryżowego
- 2 czerwone lub pomarańczowe papryki, pozbawione nasion i posiekane
- 2 marchewki, posiekane
- 1 ogórek, posiekany
- ¼ szklanki świeżych liści bazylii, posiekanych
- ¼ szklanki sosu orzechowego
- 8 dużych liści sałaty masłowej lub rzymskiej
- 1 awokado, pokrojone
- Posiekane prażone orzeszki ziemne, do serwowania
- Posiekane czerwone papryczki Fresno do podania
- Kawałki limonki, do serwowania
- Tajski słodki sos chili do podania (opcjonalnie)

Kierunki

a) Doprowadź duży garnek wody do wrzenia na dużym ogniu. Dodaj makaron ryżowy i gotuj zgodnie z instrukcją na opakowaniu, aż zmięknie. Odcedź i ostudź, około 5 minut.

b) W średniej misce wymieszaj makaron ryżowy, paprykę, marchewkę, ogórek, bazylię i sos orzechowy do pokrycia. Makaron podzielić równo na osiem porcji i każdą porcję ułożyć na liściu sałaty. Na wierzchu udekoruj awokado, orzeszkami ziemnymi, papryczkami chilli i odrobiną soku z limonki.

c) W razie potrzeby podawaj z sosem chili do maczania.

54. Pikantna shakshuka ziemniaczana

PORCJI: 4

Składniki

- 2 łyżki oliwy z oliwek extra vergine
- 1 średnia żółta cebula, posiekana
- 1-funtowe złote ziemniaki Yukon, przekrojone na pół
- 2 łyżeczki chilli chipotle w proszku
- 1 łyżeczka wędzonej papryki
- Sól koszerna i świeżo mielony pieprz
- 1 (28 uncji) puszka zmiażdżonych pomidorów, takich jak pomidory San Marzano lub Pomi
- 1 (12 uncji) słoik pieczonej czerwonej papryki, odsączonej i posiekanej
- ½ szklanki rozdrobnionego ostrego sera cheddar
- 4 do 6 dużych jaj
- ¼ szklanki świeżej pietruszki, grubo posiekanej, do dekoracji
- 2 łyżki prażonych ziaren sezamu do dekoracji
- 4 kromki chrupiącego chleba do podania (opcjonalnie)

Kierunki

a) Rozgrzej oliwę z oliwek na dużej patelni na średnim ogniu. Gdy olej się zaświeci, dodaj cebulę i ziemniaki i gotuj, aż zmiękną, od 8 do 10 minut. Wymieszaj z chipotle chile w proszku, papryką i szczyptą soli i pieprzu i gotuj, aż cebula się pokryje, około 1 minuty dłużej.

b) Dodaj pomidory, czerwoną paprykę i ⅓ szklanki wody. Zwiększyć ogień do średniego i doprowadzić sos do niskiego wrzenia. Zmniejsz ogień do średniego i gotuj na wolnym ogniu, aż sos lekko zgęstnieje, a ziemniaki będą miękkie jak widelec, około 5 minut. Spróbuj i w razie potrzeby dodaj więcej soli i pieprzu.

c) Używając tylnej części łyżki, utwórz od 4 do 6 równomiernie rozmieszczonych dołków na jajka. Równomiernie wsyp ser do każdej studzienki, a następnie ostrożnie wbij do niej po 1 jajku, zachowując żółtka w stanie nienaruszonym. Przykryj patelnię i gotuj, aż białka się zetną, od 10 do 12 minut.

d) Podawaj w stylu rodzinnym z natką pietruszki i sezamem oraz chrupiącym chlebem obok, jeśli chcesz.

55. Gorące i pikantne naklejki na garnki

ILOŚĆ: 18 DO 20 NAKLEJEK NA DONICZKI

Składniki

Olej z orzeszków ziemnych chili

- ½ szklanki oleju sezamowego
- 1 ząbek czosnku, rozgnieciony
- 2 łyżki surowych orzeszków ziemnych
- 1 łyżka surowego sezamu
- 1 do 2 łyżek pokruszonych płatków czerwonej papryki
- 1 łyżeczka soli koszernej

naklejki na doniczki

- 4 łyżki oleju sezamowego
- 1 (1-calowy) kawałek świeżego imbiru, obrany i starty
- 2 ząbki czosnku, starte
- 4 szklanki posiekanych mieszanych warzyw
- 2 łyżki niskosodowego sosu sojowego
- 2 łyżki zielonej cebuli, posiekanej

- 18 do 20 opakowań wontonów
- ⅓ szklanki surowego sezamu

Kierunki

a) Zrób olejek chili. W małym rondlu połącz olej sezamowy, czosnek, orzeszki ziemne i nasiona sezamu. Postaw na średnim ogniu i gotuj, mieszając, aż zacznie pachnieć, około 5 minut. Zdejmij patelnię z ognia i wymieszaj z płatkami czerwonej papryki. Niech ostygnie. Przenieś mieszaninę do robota kuchennego i pulsuj, aż orzeszki ziemne zostaną drobno zmielone, od 30 sekund do 1 minuty. Dodaj sól i puls ponownie, aby połączyć.

b) Zrób nadzienie. Podgrzej 1 łyżkę oleju sezamowego na dużej patelni na średnim ogniu. Gdy olej się zaświeci, dodaj imbir, czosnek i warzywa i smaż, mieszając, aż warzywa się ugotują, od 5 do 10 minut. Dodaj sos sojowy i zieloną cebulę i gotuj, aż cały płyn odparuje, jeszcze 2 do 3 minut. Zdejmij patelnię z ognia i pozwól ostygnąć.

c) Złóż naklejki na doniczki. Połóż owijki wonton na czystej powierzchni roboczej. Pracując z jednym na raz, łyżką 1 łyżkę nadzienia na środek. Posmaruj wodą krawędzie, a następnie zawiń opakowanie na nadzienie, aby utworzyć półksiężyc, ściskając krawędzie, aby je uszczelnić. Powtórz z pozostałym nadzieniem i opakowaniami.

d) Umieść nasiona sezamu w płytkiej misce. Posmaruj dna naklejek doniczek wodą, a następnie zanurz je w sezamie, dociskając, aby przylegały.

e) Wytrzyj patelnię używaną do przygotowania nadzienia i podgrzej pozostałe 3 łyżki oleju sezamowego na średnim ogniu.

f) Pracując w partiach, gdy olej się mieni, dodaj kilka naklejek na garnki i gotuj, aż dna będą jasnobrązowe, od 2 do 3 minut. Wlej $\frac{1}{4}$ szklanki wody i natychmiast przykryj patelnię szczelną pokrywką. Uwaga: odsuń się; woda będzie pryskać! Zmniejsz temperaturę do średnio-niskiej i paruj naklejki garnków, aż opakowania zmiękną na całej powierzchni, od 3 do 4 minut. Powtórz z pozostałymi naklejkami na doniczki.

g) Pozostaw do ostygnięcia i podawaj z olejem chili do maczania.

56. Spaghetti z kabaczkami Alfredo

PORCJI: 3 LUB 4

Składniki

- 1 szklanka gęstej śmietany
- 2 uncje sera śmietankowego
- 6 łyżek solonego masła
- 2 ząbki czosnku, rozgniecione
- 1 łyżeczka suszonej pietruszki
- 1 łyżeczka suszonego oregano
- $\frac{1}{4}$ łyżeczki świeżo zmielonej gałki muszkatołowej
- Sól koszerna i świeżo mielony pieprz
- 1 średni spaghetti squash (5 do 6 funtów)
- 1 szklanka pełnego mleka
- $1\frac{1}{2}$ szklanki startego parmezanu
- $\frac{1}{3}$ szklanki startego sera pecorino

Kierunki

a) W powolnym garnku połącz ciężką śmietanę, serek śmietankowy, masło, czosnek, pietruszkę, oregano, gałkę muszkatołową i szczyptę soli i pieprzu. Nakłuj dynię widelcem i umieść ją w powolnej kuchence. Przykryj i gotuj przez 2 do 3 godzin na wysokim poziomie lub 4 do 5 godzin na niskim poziomie. Wyjmij dynię z powolnej kuchenki i pozwól jej ostygnąć.

b) W międzyczasie do wolnowaru dodaj mleko, parmezan i pecorino i gotuj na wysokim poziomie, aż ser się roztopi, a sos będzie gładki, około 15 minut. Usuń i wyrzuć czosnek.

c) Przetnij dynię na pół wzdłuż, usuń nasiona i widelcem zeskrob miąższ spaghetti do dużej miski; rozdzieli się na pasma. Przełóż dynię z powrotem do wolnowaru i wymieszaj z sosem Alfredo.

d) Podziel równomiernie na trzy lub cztery miski i natychmiast podawaj.

e) Resztki przechowuj w lodówce w szczelnym pojemniku do 3 dni.

57. Pikantne tacos poblano

PORCJI: 4

Składniki

Nadzienie Taco

- 3 łyżki oliwy z oliwek extra vergine
- 1 średnia żółta cebula, pokrojona w kostkę
- 3 szklanki grubo posiekanego kalafiora
- 3 papryczki poblano, pokrojone
- 2 ząbki czosnku, posiekane lub starte
- 1 papryczka jalapeño, pozbawiona nasion i posiekana
- 3 łyżki niskosodowego sosu sojowego
- ¼ szklanki świeżej kolendry, posiekanej
- 8 uncji pokrojonego w kostkę sera halloumi
- 1 łyżka surowego sezamu
- 8 małych tortilli mącznych lub kukurydzianych, podgrzanych, do podania
- 1 awokado pokrojone w plastry do podania

Sos jogurtowy

- 1 szklanka pełnotłustego zwykłego jogurtu greckiego
- 1 szklanka świeżej kolendry
- 1 papryczka jalapeño, pozbawiona nasion i pokrojona w plastry (opcjonalnie)
- Sok z 1 limonki
- Sól koszerna

Kierunki

a) Zrób nadzienie. Na dużej patelni rozgrzej 2 łyżki oliwy z oliwek na średnim ogniu. Gdy olej się zaświeci, dodaj cebulę i gotuj, często mieszając, aż będzie miękka, około 5 minut. Wymieszaj kalafior i papryczki poblano i gotuj, aż kalafior zacznie brązowieć, jeszcze 5 do 10 minut. Dodaj czosnek i papryczki jalapeño i gotuj, aż zaczną pachnieć, jeszcze około 1 minuty. Dodaj sos sojowy i gotuj, mieszając, aż sos sojowy pokryje warzywa, jeszcze około 2 minuty. Zdejmij patelnię z ognia i wymieszaj z posiekaną kolendrą.

b) Na małej patelni rozgrzej pozostałą 1 łyżkę oliwy z oliwek na średnim ogniu. Gdy olej się zaświeci, dodaj halloumi i smaż, nie ruszając, aż uzyska złoty kolor, około 2 minuty z każdej strony, łącznie od 4 do 5 minut. Zdejmij patelnię z ognia i wymieszaj z sezamem.

c) Zrób sos. W blenderze lub robocie kuchennym połącz jogurt, kolendrę, jalapeño (jeśli używasz), sok z limonki i dużą szczyptę soli. Pulsuj, aż będzie całkowicie gładki, około 1 minuty. Spróbuj i dodaj więcej soli w razie potrzeby.

d) Dodaj nadzienie do tortilli i polej halloumi, awokado i sosem jogurtowym.

58. Surowe wrapy

Serwuje 3

Składniki
- 3 wrapy ze szpinakiem
- 1 awokado
- Sok z 1 cytryny
- 1 duży burak
- 1 duża cukinia

Kierunki

a) Buraka i cukinię pokrój w cienkie paski na mandolinie, tarce do sera lub spiralizatorze. Odłożyć na bok.

b) miąższ awokado z sokiem z cytryny, aż uzyskasz całkiem gładką mieszankę. Rozłóż to na wszystkie swoje okłady.

c) Następnie umieść w cienko pokrojonych warzywach i zawiń ciasno, ale ostrożnie.

d) Odstaw na 5 minut, a następnie przekrój ostrym nożem na pół i smacznego!

59. jabłkowe nachosy

Wydajność: 1 porcja

Składniki

- 2 jabłka do wyboru
- ⅓ szklanki naturalnego masła orzechowego
- mała garść wiórków kokosowych
- posypać cynamonem
- 1 łyżka soku z cytryny

Kierunki

a) Jabłka: Umyć, wydrążyć gniazda nasienne i pokroić jabłka w plastry o grubości ¼ cala.

b) Umieść plasterki jabłka w małej misce z sokiem z cytryny, wrzuć do pokrycia.

c) Masło orzechowe: Podgrzej masło orzechowe, aż będzie ciepłe i nieco rzadkie.

d) Skrop masłem orzechowym okrężnymi ruchami, od środka talerza do zewnętrznej krawędzi.

e) Posypać wiórkami kokosowymi i posypać cynamonem.

60. Surowe bezmięsne produkty B

Składniki

- 1 szklanka surowych nasion słonecznika
- ½ szklanki + 1 łyżka surowego masła migdałowego
- 4 suszone pomidory, namoczone
- 3 łyżki świeżej bazylii, posiekanej
- 1 łyżeczka oleju orzechowego

Kierunki

a) Połącz wszystkie składniki w robocie kuchennym i mieszaj, aż mieszanina osiągnie konsystencję podobną do mielonego mięsa.

b) Nałóż miksturę na czubate łyżeczki i uformuj z każdego klopsika.

c) Ta mieszanka może być podawana jako kulki na surowym makaronie z cukinii .

d) również z sosem marinara, kwaśną śmietaną z orzechów nerkowca lub pesto!

61. Surowy Marchewkowy Makaron

Porcje : 6

Składniki:

- 5 dużych marchewek, obranych i zwiniętych w spirale
- 1/3 szklanki nerkowców
- 2 łyżki świeżej kolendry, posiekanej
- 1/3 szklanki Imbirowo-limonkowy sos orzechowy lub dowolny surowy sos

Kierunki

a) Umieść wszystkie makarony marchewkowe w dużej misce.

b) Wlej imbirowo-limonkowy sos orzechowy na makaron i delikatnie wymieszaj

c) Podawać z orzechami nerkowca i świeżo posiekaną kolendrą.

62.   Makaron z Cukinią

Składniki:

- 1 cukinia
- 1 szklanka pomidorów
- 1/2 szklanki suszonych pomidorów
- 1,5 daktyli medjool

Kierunki

a) Pokrój cukinię w kształty makaronu za pomocą spiralizatora lub obieraczki do julienne.

b) Zmiksuj pozostałe składniki w blenderze wysokoobrotowym i zmiksuj razem.

63. Zupa z grzybów shiitake

Wychodzi 6 porcji

Składniki

- 6 szklanek suszonych grzybów shiitake
- 10 szklanek wody
- 2 łyżki nama shoyu
- 1 łyżka świeżego posiekanego szczypiorku

Kierunki

a) Umieść grzyby i wodę w dużym pojemniku i wstaw pod przykryciem do lodówki na około 8 godzin.

b) Gdy wszystko będzie gotowe, spuść wodę z grzybów do innej miski lub pojemnika.

c) Wymieszaj nama shoyu z bulionem grzybowym.

d) Usuń i wyrzuć łodygi z grzybów i posiekaj kapelusze.

e) Do bulionu dodać pokrojone pieczarki i posypać posiekanym szczypiorkiem.

64. Zupa z czerwonej papryki

Wychodzi 4 porcje

Składniki

- 16 czerwonych papryk bez pestek
- 2 dojrzałe awokado, puree
- 2 łyżki czystego syropu klonowego
- 1 łyżeczka drobno startego chrzanu
- Cebula w proszku do smaku

Kierunki

a) Wyciśnij sok z czerwonej papryki i odrzuć miąższ.
b) Odmierz 6-7 szklanek soku z pieprzu do dużej miski.
c) Wymieszaj awokado, syrop klonowy i chrzan z sokiem, aż dobrze się połączą.
d) Dopraw cebulą w proszku.
e) Chłod

65. Sałatka z czerwonej kapusty i grejpfruta

Porcje: 4

Składniki:
- 4 szklanki cienko pokrojonej czerwonej kapusty
- 2 szklanki podzielonego grejpfruta
- 3 łyżki suszonej żurawiny
- 2 łyżki pestek dyni

Kierunki

a) Umieść składniki sałatki w dużej misce i wymieszaj.

66.   Sałatka Mock Kanapka

Wychodzi 4 porcje

Składniki:

- 1 porcja majonezu Aioli
- 3 szklanki pulpy z marchwi
- 1 szklanka posiekanego selera
- ¼ szklanki posiekanej żółtej cebuli
- 2 kromki chleba

Kierunki

a) Umieść majonez Aioli, pulpę z marchwi, seler i cebulę w misce do mieszania. Dobrze wymieszaj.

b) Złóż swoje kanapki, rozprowadzając jedną czwartą mieszanki między dwiema kromkami chleba.

c) Udekoruj pokrojonym pomidorem i sałatą lodową. Powtórz, aby zrobić pozostałe kanapki.

d) Złożone kanapki zachowują świeżość przez kilka godzin. Mock Tuna Salad będzie przechowywana przez 2 dni, jeśli będzie przechowywana oddzielnie w lodówce

67. Zupa Imbirowo-marchwiowa

Serwuje 3

Składniki:

- 1½ szklanki marchewki, drobno posiekanej
- 1 łyżka niepasteryzowanego białego miso
- 1 łyżeczka świeżego korzenia imbiru, drobno posiekanego
- 1 ząbek czosnku
- 2 szklanki czystej wody

Kierunki

a) Wymieszaj wszystkie składniki oprócz ¾ szklanki marchwi.

b) Wlać zmiksowane składniki na marchewki i podawać.

c) To jest świetne dla budowania siły płuc.

68. Kalafior Brokuły 'Rice'

Porcje: 2-3 Porcje

Składniki

- 1 główka kalafiora
- 2 szklanki brokułów, posiekanych
- 3 wierzchołki zielonej cebuli
- $\frac{3}{4}$ szklanki papryki, posiekanej
- $\frac{1}{4}$ szklanki edamame

Kierunki

a) Kalafiora podzielić na różyczki i dobrze wypłukać.

b) Pokrój różyczki na mniejsze kawałki i włóż kilka garści robot kuchenny na raz.

c) Pulsuj przez około 5-10 sekund, jeśli używasz blendera, wciśnij kalafior za pomocą ubijaka.

d) Umieść mieszankę kalafiora w misce i wymieszaj z pozostałymi składnikami.

e) Odstawiamy na co najmniej 30 minut, od czasu do czasu mieszając.

69. Makaron z cukinii z dynią patrz ds

Serwuje 1-2 _

Składniki

- 2 małe cukinie
- 1/4 szklanki surowych pestek dyni
- 2 łyżki drożdży odżywczych
- 1/4 szklanki liści bazylii/innych świeżych ziół
- Tyle mleka orzechowego lub wody, ile potrzeba

Kierunki

a) Aby zrobić makaron, pokrój cukinię na mandolinie lub krajalnicy spiralnej. Odstawić w dużej misce.

b) Aby przygotować sos, zmiksuj wszystkie składniki na gładką masę (dolewając powoli wodę lub mleko orzechowe).

c) Wmasuj sos w makaron, aż będzie równomiernie pokryty.

d) Pozwól im odpocząć przez minutę, aby zmiękły i zamarynowały się.

70. Marynowane Pieczarki Cytrynowo-Pietruszkowe

SPRAWIA 1

Składniki

- 6 w. białe pieczarki
- ½ 1 słodkiej białej cebuli
- ½ w. posiekana pietruszka
- ¼ c. sok cytrynowy
- ¼ c. olej z orzechów

Kierunki

a) Połącz wszystkie składniki marynaty w małej misce.

b) Posiekaj wszystkie grzyby o grubości około ¼ cala i umieść w dużej misce.

c) Wlej marynatę do składników i mieszaj, aż wszystko dokładnie się pokryje.

d) Opróżnij grzyby do 1-galonowej torby do zamrażania Ziplock i wyciśnij jak najwięcej powietrza.

e) Grzyby przechowywać w lodówce przez co najmniej 4 godziny. Mniej więcej raz na godzinę wyjmij torebkę i odwróć ją, aby nieco przesunąć składniki.

f) Gdy minie wystarczająco dużo czasu, wyjmij je z lodówki, podawaj i ciesz się.

71. Wegańskie Sajgonki

Porcje 4 porcje

Składniki

- 6 papierów ryżowych
- 1 marchewka pokrojona w julienne
- 1/2 średniego ogórka pokrojonego w julienę
- 1 czerwona papryka pokrojona w julienne
- 100 gramów lub 1 szklanka pokrojonej czerwonej kapusty

Kierunki

a) Zacznij od namoczenia papieru ryżowego zgodnie z instrukcją na opakowaniu.

b) Przygotuj wszystkie warzywa przed złożeniem bułek.

c) Połóż swoje pierwsze opakowanie na desce do krojenia i bardzo ciasno ułóż niewielką porcję plasterków warzyw

d) Zwinąć wszystko ciasno, tak jak burrito, zaginając boki rolki papieru ryżowego do połowy.

e) Każdą roladę przekroić na pół i podawać .

SAŁATKI I ZUPY

72. Sałatka z suszonych pomidorów i awokado z kurczakiem

SERWUJE 6

Składniki

- 6 filiżanek świeżego szpinaku
- 2 awokado, pokrojone
- 1 do 2 filiżanek rozdrobnionego gotowanego kurczaka
- ½ szklanki suszonych pomidorów w oliwie z oliwek, odcedzonych i zachowanych w oleju
- 4 uncje pokruszonego sera feta
- ⅓ szklanki prażonych orzeszków piniowych
- 2 łyżki grubo posiekanego świeżego koperku
- Bekonowy Winegret

Kierunki

a) Zrób sałatkę. W dużej misce wymieszaj szpinak, awokado, kurczaka, suszone pomidory, fetę, orzeszki piniowe i koperek. Odłożyć na bok.

b) Skrop sałatkę ciepłym sosem winegret i wymieszaj. Natychmiast podawaj.

73. Sałatka z bajgla z białą fasolą i pesto

PORCJI: 4

Składniki

- 3 łyżki oliwy z oliwek extra vergine
- 1 cały bajgiel, z grubsza porwany
- 1 (15 uncji) puszka fasoli cannellini, odsączonej i wypłukanej
- ⅓ szklanki Pesto Cytrynowo-Bazyliowego
- 1 łyżka białego octu winnego
- Sok z 1 cytryny
- Płatkowata sól morska
- Kruszone płatki czerwonej papryki
- 6 filiżanek młodej rukoli
- ¼ szklanki świeżo ogolonego parmezanu
- 1 łyżka przyprawy do bajgla All

Kierunki

a) Na dużej patelni rozgrzej 2 łyżki oliwy z oliwek na średnim ogniu. Gdy olej się zaświeci, dodaj bajgiel i gotuj, podrzucając od czasu do czasu, aż lekko się zrumieni, około 5 minut. Zdejmij patelnię z ognia i odłóż na bok.

b) W średniej misce wymieszaj fasolę cannellini, pesto, pozostałą 1 łyżkę oliwy z oliwek, ocet, sok z cytryny i szczyptę płatków soli i czerwonego pieprzu. Dodaj rukolę, parmezan i całą przyprawę do bajgla i wrzuć, aby połączyć.

c) Podziel sałatkę na cztery miski i udekoruj grzankami z bajgla.

74. Tradycyjna sałatka z pomidorów i nektarynek

SERWUJE 6

Składniki

- ¼ szklanki oliwy z oliwek z pierwszego tłoczenia
- 3 łyżki łuskanych, prażonych pistacji
- 2 łyżki octu balsamicznego lub białego octu balsamicznego
- 2 łyżeczki miodu
- 12 listków świeżej bazylii, grubo posiekanych
- 2 gałązki świeżego tymianku, posiekane
- 1 ząbek czosnku, starty
- Kruszone płatki czerwonej papryki
- Sól koszerna
- 2½ szklanki pomidorków koktajlowych, przekrojonych na pół
- 2 nektarynki, pokrojone w kliny
- 2 kulki sera burrata, z grubsza rozdarte
- 2 łyżki posiekanego świeżego szczypiorku, do podania
- Płatkowata sól morska do podania

Kierunki

a) W robocie kuchennym połącz oliwę z oliwek, pistacje, ocet, miód, bazylię, tymianek, czosnek, płatki czerwonej papryki oraz szczyptę soli i puls, aż zostaną drobno zmielone, około 1 minuty.

b) W średniej misce wymieszaj pomidory i nektarynki. Dodaj puree pistacjowe, mieszając do sierści. Pozostaw do marynowania w temperaturze pokojowej na 10 do 20 minut lub przykryj folią spożywczą na noc w lodówce.

c) Aby podać, podziel sałatkę równo na sześć misek i udekoruj każdą porwaną burratą, szczypiorkiem i szczyptą soli w płatkach.

75. Sałatka z jesiennych zbiorów

SERWUJE 6

Składniki

Sałatka

- 1 szklanka surowych orzechów pekan
- 1 łyżka oliwy z oliwek extra vergine
- 3 łyżki czystego syropu klonowego
- ½ łyżeczki mielonego cynamonu
- Szczypta soli koszernej
- 2 pęczki jarmużu toskańskiego, odszypułkowane i posiekane
- 3 Miodowe chrupiące jabłka lub persymony Fuyu, cienko pokrojone
- Nasiona z 1 granatu
- 4 plastry grubo pokrojonego boczku, posiekanego
- ½ szklanki pokruszonego lub pokrojonego w kostkę niebieskiego sera, koziego sera lub fety

Karmelizowana szalotka i winegret z cydru

- ⅓ szklanki oliwy z oliwek extra virgin

- 1 mała szalotka, cienko pokrojona
- 2 łyżki octu jabłkowego
- 1 łyżka masła jabłkowego
- 1 łyżka świeżych listków tymianku
- Kruszone płatki czerwonej papryki
- Sól koszerna i świeżo mielony pieprz

Kierunki

a) Rozgrzej piekarnik do 350 ° F. Wyłóż blachę do pieczenia pergaminem.

b) Zrób sałatkę. Na przygotowanej blasze do pieczenia wymieszaj orzechy pekan, oliwę z oliwek, syrop klonowy, cynamon i sól. Ułóż orzechy pekan w jednej warstwie. Piec, aż orzechy pekan będą prażone, od 10 do 15 minut.

c) W międzyczasie w dużej misce sałatkowej wymieszaj jarmuż, jabłka i nasiona granatu.

d) Na dużej patelni na średnim ogniu smaż bekon, aż stanie się chrupiący, około 5 minut. Przełożyć na talerz wyłożony ręcznikiem papierowym do odsączenia. Wytrzyj patelnię do czysta.

e) Zrób winegret. Na tej samej patelni na średnim ogniu rozgrzej oliwę z oliwek. Gdy olej się zaświeci, dodaj szalotki i gotuj, aż będą pachnące, od 2 do 3 minut. Zdejmij patelnię z ognia i pozwól szalotki lekko ostygnąć. Dodaj ocet, masło jabłkowe, tymianek, płatki czerwonej papryki, sól i pieprz i mieszaj, aby połączyć i podgrzać przez około 1 minutę.

f) Sałatkę polać winegretem, wymieszać. Posyp boczkiem, prażonymi pekanami i serem, delikatnie mieszając. Natychmiast podawaj.

76. Tajski stek z imbirem i sałatka z papryki

PORCJI: 4

Składniki

Sojowo-imbirowy winegret

- 2 łyżki prażonego oleju sezamowego
- 2 łyżki niskosodowego sosu sojowego
- 1 łyżka sosu rybnego
- 3 łyżki miodu
- Sok z 2 limonek
- 1 czerwona papryczka Fresno lub jalapeño, pozbawiona nasion i posiekana (opcjonalnie)
- 1 (1-calowy) kawałek świeżego imbiru, obrany i starty
- Sól koszerna

Tajska Sałatka Stek

- Wieszak ½ funta lub stek z flanki
- Świeżo zmielony pieprz
- 1 łyżka niesolonego masła
- 3 czerwone papryki, pozbawione nasion i pokrojone w cienkie plasterki
- 6 filiżanek mieszanych warzyw, takich jak posiekana kapusta i rukola
- 2 nektarynki, cienko pokrojone
- 2 perskie ogórki pokrojone w plasterki
- ¼ szklanki świeżej tajskiej lub zwykłej bazylii, z grubsza porwanej
- 6 listków świeżej mięty, z grubsza porwanych
- 1 awokado pokrojone w plastry do podania
- 2 łyżki prażonych orzeszków ziemnych, posiekanych, do podania

Kierunki

a) Zrób winegret. Połącz olej sezamowy, sos sojowy, sos rybny, miód, sok z limonki, pieprz Fresno (jeśli używasz), imbir i szczyptę soli w małej misce lub szklanym słoju. Ubij lub zamknij i potrząśnij, aby połączyć.

b) Zrób stek. W dużej misce lub torebce zamykanej na suwak połącz stek z połową winegretu i dopraw pieprzem. Masuj stek, aż będzie całkowicie pokryty i pozwól mu marynować się w temperaturze pokojowej przez 10 minut lub do nocy w lodówce.

c) Rozgrzej dużą patelnię z grubym dnem na dużym ogniu przez około 2 minuty. Dodaj stek i smaż z jednej strony przez 4 minuty, a następnie przewróć i smaż z drugiej strony, aż będzie średnio krwisty, jeszcze około 3 minuty. Dodaj masło na patelnię i po roztopieniu nałóż je na stek i smaż jeszcze przez 1 minutę. Zdejmij stek z patelni i pozostaw na desce do krojenia na około 10 minut.

d) Dodaj papryki na tę samą patelnię i gotuj, mieszając od czasu do czasu, aż będą zwęglone na brzegach, 3 do 4 minut. Zdejmij patelnię z ognia.

e) Zrób sałatkę. W dużej misce wymieszaj warzywa, nektarynki, ogórki, bazylię, miętę, gotowaną paprykę i pozostały winegret. Cienko pokrój stek w poprzek włókien i dodaj do sałatki. Udekoruj awokado i orzeszkami ziemnymi i podawaj.

77. Francuska zupa cebulowa

SERWUJE 6

Składniki

- 6 łyżek solonego masła
- 3 średnie żółte cebule, cienko pokrojone
- 2 średnie szalotki, cienko pokrojone
- 1 łyżeczka miodu lub brązowego cukru
- 2 łyżki świeżych listków tymianku plus więcej do dekoracji
- 1 łyżka posiekanej świeżej szałwii
- 2 łyżki mąki uniwersalnej
- 1 szklanka wytrawnego czerwonego wina, takiego jak Cabernet Sauvignon
- 2 kwarty niskosodowego bulionu wołowego lub warzywnego
- 1 łyżka sosu Worcestershire
- 2 liście laurowe
- Sól koszerna i świeżo mielony pieprz
- 6 kromek chleba francuskiego
- 1 szklanka startego sera Gruyère

Kierunki

a) Do wolnowaru dodaj masło, cebulę, szalotki i miód i wymieszaj, aby połączyć. Gotuj na małym ogniu, aż cebula się skarmelizuje, mieszając raz lub dwa razy, od 4 do 6 godzin

b) Dodaj tymianek, szałwię i mąkę i gotuj do lekkiego zrumienienia, około 2 minut. Wymieszaj wino, bulion, sos Worcestershire i liście laurowe, dopraw solą i pieprzem. Przykryj i gotuj 4 do 5 godzin dłużej na niskim poziomie lub 2 do 3 godzin dłużej na wysokim poziomie. Usuń i wyrzuć liście laurowe. Spróbuj i w razie potrzeby dodaj więcej soli i pieprzu.

c) Rozgrzej brojler.

d) Podziel zupę na sześć żaroodpornych misek. Do każdego dodać kromkę chleba i równomiernie posypać serem. Umieść miski na blasze do pieczenia i podpiekaj, aż ser będzie szampański i złocistobrązowy, od 3 do 5 minut. Udekoruj listkami tymianku.

78. Kremowa zupa z gnocchi z kurczaka

SERWUJE 6

Składniki

- 2 piersi z kurczaka bez kości i skóry
- 1 mała żółta cebula, pokrojona w kostkę
- 6 marchewek, posiekanych
- 5 szklanek bulionu z kurczaka o niskiej zawartości sodu
- 1 szklanka wytrawnego białego wina, takiego jak pinot grigio lub sauvignon blanc
- 2 łyżki świeżych liści tymianku plus więcej do serwowania
- 2 liście laurowe
- 1 łyżeczka papryki
- ½ łyżeczki pokruszonych płatków czerwonej papryki
- 1 skórka parmezanu
- Sól koszerna i świeżo mielony pieprz
- 1 (16 uncji) pudełko mini gnocchi ziemniaczane
- ½ szklanki tartego parmezanu plus więcej do serwowania
- ¾ szklanki pełnego mleka lub śmietanki

- 2 łyżki oliwy z oliwek extra vergine
- 2 funty mieszanych grzybów, z grubsza rozdarte
- 4 ząbki czosnku, rozgniecione
- 4 łyżki solonego masła
- Skórka otarta z 1 cytryny

Kierunki

a) W garnku wolnowaru połącz kurczaka, cebulę, marchewkę, bulion, wino, 1 łyżkę tymianku, liście laurowe, paprykę, płatki czerwonej papryki i skórkę parmezanu, dopraw solą i pieprzem. Przykryj i gotuj na małym ogniu, aż kurczak się rozpadnie, od 5 do 6 godzin.

b) W ciągu ostatnich 30 minut gotowania dodać gnocchi, starty parmezan i mleko. Usuń i wyrzuć liście laurowe i skórkę parmezanu.

c) Wyjmij kurczaka i rozdrobnij go dwoma widelcami. Wmieszaj kurczaka z powrotem do zupy.

d) Rozgrzej oliwę z oliwek na dużej patelni na dużym ogniu. Gdy olej się zarumieni, dodaj grzyby i dopraw solą i pieprzem. Gotuj bez przeszkód na złoty kolor, 5 minut, następnie mieszaj i kontynuuj gotowanie, aż grzyby się skarmelizują, jeszcze 3 do 5 minut. Zmniejsz ogień do średniego i dodaj czosnek, masło, pozostałą 1 łyżkę tymianku i skórkę z cytryny. Gotuj, mieszając od czasu do czasu, aż czosnek będzie karmelizowany i pachnący, od 3 do 5 minut. Czosnek rozgnieć widelcem i dodaj do garnka grzyby, rozgnieciony czosnek i masło i wymieszaj.

e) Podziel zupę na sześć misek i posyp tymiankiem i parmezanem.

79. Zupa brokułowo-cheddarowa z sezonowanymi preclami

SERWUJE 6

Składniki

- ¼ szklanki oliwy z oliwek z pierwszego tłoczenia
- 1 średnia żółta cebula, pokrojona w kostkę
- ¼ szklanki mąki uniwersalnej
- 2 szklanki pełnego mleka
- 4 szklanki różyczek brokuła
- 2 liście laurowe
- ¼ łyżeczki świeżo startej gałki muszkatołowej
- ¼ łyżeczki mielonego pieprzu cayenne
- Sól koszerna i świeżo mielony pieprz
- 3 do 4 filiżanek rozdrobnionego ostrego sera cheddar plus więcej do serwowania
- 2 łyżki świeżych liści tymianku plus więcej do serwowania
- Przyprawione Precle

Kierunki

a) W dużym rondlu rozgrzej oliwę z oliwek na średnim ogniu. Gdy olej się zaświeci, dodaj cebulę i smaż, mieszając, aż zacznie pachnieć, około 5 minut. Ubij mąkę i gotuj na złoty kolor, około 2 minut, a następnie stopniowo wymieszaj 2 szklanki wody, a następnie mleko. Wymieszaj brokuły, liście laurowe, gałkę muszkatołową, cayenne, sól i pieprz. Gotuj, aż brokuły będą miękkie, około 15 minut. Zdejmij garnek z ognia i pozwól mieszaninie lekko ostygnąć.

b) Usuń i wyrzuć liście laurowe. Przenieś zupę do blendera lub użyj blendera zanurzeniowego i pulsuj, aż składniki się połączą, ale nadal będą grube, około 1 minuty.

c) Umieść zupę z powrotem na kuchence na małym ogniu. Wymieszaj ser i tymianek i gotuj, aż ser się rozpuści, a zupa będzie kremowa, od 5 do 10 minut.

d) Podziel zupę na sześć misek. Na każdym z nich połóż więcej sera cheddar, świeżego tymianku i przyprawionych precli.

80. Złocista zupa z dyni piżmowej z chrupiącą szałwią

SERWUJE 6

Składniki

- 5 filiżanek pokrojonej w kostkę, obranej dyni piżmowej
- 1 szalotka, posiekana
- 2 łyżki oliwy z oliwek extra vergine
- 2 łyżki czystego syropu klonowego
- 1 łyżka posiekanej świeżej szałwii plus 6 całych świeżych liści szałwii do podania
- $\frac{1}{2}$ łyżeczki mielonego pieprzu cayenne
- $\frac{1}{2}$ łyżeczki mielonego cynamonu
- Sól koszerna i świeżo mielony pieprz
- 1 (14 uncji) puszka pełnotłustego niesłodzonego mleka kokosowego plus więcej do serwowania (opcjonalnie)
- 4 łyżki solonego masła
- 1 szklanka surowych pestek dyni (pepitas), do serwowania
- Płatkowata sól morska

Kierunki

a) Rozgrzej piekarnik do 400 ° F.

b) W dużym holenderskim piekarniku lub garnku żaroodpornym wymieszaj dynię piżmową, szalotkę, oliwę z oliwek, syrop klonowy, posiekaną szałwię, cayenne, cynamon i szczyptę soli i pieprzu. Piec, aż dynia będzie miękka, od 20 do 25 minut. Niech ostygnie.

c) Przenieś pieczone warzywa do szybkoobrotowego blendera lub robota kuchennego i dodaj 3 szklanki wody. Puree, aż będzie całkowicie gładkie, od 1 do 2 minut. Ponownie włóż mieszaninę do holenderskiego piekarnika i wymieszaj z mlekiem kokosowym i 2 łyżkami masła. Doprowadzić zupę do wrzenia na średnim ogniu i gotować, aż się rozgrzeje, około 5 minut. W razie potrzeby rozcieńczyć zupę większą ilością wody.

d) Rozpuść pozostałe 2 łyżki masła na małej patelni na średnim ogniu. Dodaj całe liście szałwii i gotuj, aż będą chrupiące, około 1 minuty z każdej strony. Przenieś szałwię na ręcznik papierowy do odsączenia i na tę samą patelnię dodaj pestki dyni. Gotuj, aż się zrumienią, około 3 minut. Zdejmij patelnię z ognia i posyp pestki dyni i szałwię płatkami soli.

e) Podziel zupę na sześć misek i skrop ją dodatkowym mlekiem kokosowym, jeśli chcesz. Udekoruj pestkami dyni i chrupiącymi liśćmi szałwii i podawaj.

81. Salsa verde i zupa z tortilli z kurczakiem

SERWUJE 6

Składniki

- 1 średnia żółta cebula, pokrojona w kostkę
- 2 ząbki czosnku, posiekane lub starte
- 1 funt bez kości, bez skóry pierś z kurczaka
- 1 łyżeczka soli koszernej
- Świeżo zmielony pieprz
- 3 szklanki czerwonego sosu enchilada
- 3 szklanki salsy verde
- ¾ szklanki niegotowanego brązowego ryżu
- Sok z 1 limonki
- ½ szklanki świeżej kolendry, posiekanej, plus więcej do serwowania
- Do serwowania (opcjonalnie)
- 2 szklanki lekko zmiażdżonych chipsów tortilla
- 1 mango, obrane i pokrojone w kostkę
- 1 awokado, pokrojone

- 1 szklanka rozdrobnionego sera cheddar
- ½ szklanki pełnotłustego zwykłego jogurtu greckiego

Kierunki

a) W powolnym garnku ułóż cebulę, czosnek, kurczaka, sól i szczyptę pieprzu. Zalej sosem enchilada, salsą verde i 3 szklankami wody. Wmieszać brązowy ryż. Przykryj i gotuj, aż kurczak się rozpadnie, 6 do 7 godzin na niskim poziomie lub 4 do 6 godzin na wysokim poziomie.

b) Kurczaka przełożyć na talerz. Lekko ostudź i rozdrobnij dwoma widelcami.

c) Umieść kurczaka z powrotem w powolnej kuchence i wymieszaj z sokiem z limonki i kolendrą. W razie potrzeby posmakuj i dopraw solą.

d) Podziel zupę na sześć misek. Na wierzchu umieść chipsy tortilla, mango, awokado, ser, jogurt i kolendrę, jeśli chcesz.

82. Zupa z pieczonych pomidorów na maśle

PORCJI: 4

Składniki

Zupa pomidorowa z bazylią

- 1 (28 uncji) puszka całych obranych pomidorów, takich jak pomidory San Marzano lub Pomi
- 1 średnia żółta cebula, pokrojona w ćwiartki
- 3 łyżki solonego masła
- 2 łyżki świeżych listków tymianku
- Sól koszerna i świeżo mielony pieprz
- 1 szklanka pełnego mleka, plus więcej w razie potrzeby
- 3 do 6 łyżek pesto cytrynowo-bazyliowego

Grillowany ser

- 2 łyżki solonego masła w temperaturze pokojowej
- 4 kromki chleba na zakwasie
- 4 uncje sera Brie, pokrojonego w plasterki
- Kochanie, do skropienia
- 1 łyżka posiekanych świeżych liści bazylii lub tymianku, plus więcej do serwowania

Kierunki

a) Rozgrzej piekarnik do 425 ° F.

b) Zrób zupę. W dużym holenderskim piekarniku lub garnku żaroodpornym połącz pomidory, cebulę, masło, tymianek i szczyptę soli i pieprzu. Piecz, aż cebula będzie miękka i pachnąca, około 20 minut. Niech ostygnie.

c) Za pomocą łyżki cedzakowej przenieś pieczone pomidory i cebulę do blendera lub robota kuchennego i dodaj mleko. Mieszaj, aż będzie całkowicie gładka, od 1 do 2 minut. Ponownie włóż mieszaninę do holenderskiego piekarnika i gotuj na średnim ogniu, aby się rozgrzała, przez 2 do 3 minut. Wymieszać z 3 łyżkami pesto. W razie potrzeby rozcieńczyć większą ilością mleka. Spróbuj i w razie potrzeby dodaj więcej pesto, soli i pieprzu.

d) W międzyczasie przygotuj grillowany ser. Użyj 1 łyżki masła do pokrycia jednej strony każdej kromki chleba. Na nieposmarowanej masłem stronie 2 kromek ułóż brie, miód i bazylię. Zamknij połówki, aby zrobić kanapki.

e) Rozpuść pozostałą 1 łyżkę masła na dużej patelni na średnim ogniu. Dodaj kanapki, po jednej na raz, i gotuj, aż chleb będzie złocisty, a ser się roztopi, 2 do 3 minut z każdej strony.

f) Rozlej zupę do czterech misek. Każdy grillowany ser przekrój na pół i podawaj z boku.

83. Chrupiąca zupa z makaronem khao soi z kurczakiem

PORCJI: 4

Składniki

- 2 piersi z kurczaka bez kości, ze skórą (około 1 funta)
- Sól koszerna i świeżo mielony pieprz
- 2 łyżki oliwy z oliwek extra vergine
- ¼ szklanki tajskiej czerwonej pasty curry
- 2 duże marchewki pokrojone w plasterki
- 2 (14 uncji) puszki pełnotłustego niesłodzonego mleka kokosowego
- 3 szklanki bulionu z kurczaka o niskiej zawartości sodu
- 3 łyżki sosu rybnego
- 1 łyżka miodu
- 2 szklanki szpinaku baby lub posiekanego baby bok choy
- 8 uncji makaronu jajecznego
- Kolendra, pokrojone chili i limonki do dekoracji

Kierunki

a) Kurczaka dopraw w całości solą i pieprzem.

b) Rozgrzej oliwę z oliwek w dużym garnku na dużym ogniu. Gdy olej się zaświeci, dodaj kurczaka skórą do dołu i smaż, aż będzie złocisty i chrupiący, około 5 minut. Odwróć kurczaka, dodaj pastę curry i marchewkę i gotuj, aż zacznie pachnieć, od 1 do 2 minut. Wymieszaj mleko kokosowe, bulion z kurczaka, sos rybny i miód. Przykryć i doprowadzić do wrzenia. Zmniejsz ogień do średnio-niskiego, przykryj i gotuj, aż kurczak będzie ugotowany, około 15 minut. Za pomocą dwóch widelców rozdrobnić kurczaka bezpośrednio w garnku. Wymieszaj zielenie.

c) W międzyczasie zagotuj duży garnek osolonej wody na dużym ogniu. Makaron ugotować zgodnie z instrukcją na opakowaniu, aż będzie al dente. Odpływ.

d) Podziel zupę na cztery miski i udekoruj każdą miskę makaronem, kolendrą, chili i limonkami.

PIZZA

84. Najbrzydsza, najbardziej zielona pizza

PORCJI: 4

Składniki

- 2 łyżki oliwy z oliwek z pierwszego tłoczenia, plus więcej do smarowania
- ½ funta chleba bez zagniatania i ciasta na pizzę
- ⅓ szklanki Pesto Cytrynowo-Bazyliowego
- ⅓ szklanki suszonych pomidorów w oliwie z oliwek, odsączonych
- 2 uncje pokruszonego koziego sera
- 2 szklanki łodyg i posiekanego jarmużu toskańskiego
- 8 uncji świeżej mozzarelli, rozdartej
- 1 łyżka octu szampańskiego lub jabłkowego
- Skórka i sok z 1 cytryny
- 1 łyżeczka miodu
- Sól koszerna i świeżo mielony pieprz
- Kruszone płatki czerwonej papryki
- 4 szklanki młodej rukoli

- 2 łyżki prażonych ziaren sezamu

Kierunki

a) Rozgrzej piekarnik do 450 ° F. Nasmaruj blachę do pieczenia.

b) Zrób pizzę. Na lekko posypanej mąką powierzchni roboczej rozwałkuj ciasto na grubość ¼ cala. Ostrożnie przenieś ciasto na przygotowaną blachę do pieczenia. Rozłóż pesto na cieście, pozostawiając 1-calową krawędź, a następnie ułóż suszone pomidory, kozi ser, jarmuż i mozzarellę. Piec, aż skórka będzie złota, a ser się roztopi, od 10 do 15 minut.

c) Zrób sałatkę. Tymczasem w średniej misce wymieszaj 2 łyżki oliwy z oliwek, ocet, skórkę z cytryny, sok z cytryny, miód i szczyptę płatków soli, pieprzu i czerwonej papryki. Dodać rukolę i nasiona sezamu i wymieszać.

d) Po wyjęciu pizzy z piekarnika rozłóż sałatkę na wierzchu. Kroić i podawać.

85. Słodko-pikantna pizza z ananasem

PORCJI: 4

Składniki

- Oliwa z oliwek z pierwszego tłoczenia, do smarowania
- $\frac{1}{2}$ funta chleba bez zagniatania i ciasta na pizzę
- $\frac{1}{2}$ szklanki salsy Chipotle
- $\frac{1}{4}$ szklanki świeżej kolendry lub bazylii, posiekanej
- 1 szklanka tartego sera fontina
- 1 szklanka świeżych kawałków ananasa
- $\frac{1}{2}$ szklanki startego sera pecorino
- 2 zielone cebule, posiekane
- 1 szklanka młodej rukoli

Kierunki

a) Rozgrzej piekarnik do 450 ° F. Nasmaruj blachę do pieczenia.

b) Na lekko posypanej mąką powierzchni roboczej rozwałkuj ciasto na grubość $\frac{1}{4}$ cala. Ostrożnie przenieś ciasto na przygotowaną blachę do pieczenia. Rozłóż salsę chipotle na cieście, pozostawiając 1-calową granicę. Posypać kolendrą, a następnie fontiną. Na wierzchu ułożyć ananasa i wykończyć pecorino.

c) Piecz pizzę, aż skórka będzie złota, a ser się roztopi, 10 do 15 minut.

d) Posyp zieloną cebulą i rukolą. Kroić i podawać.

86. Pizza pepperoni z ogrodową bazylią

PORCJI: 4

Składniki

- 1 łyżka oliwy z oliwek z pierwszego tłoczenia, plus więcej do smarowania

- ½ funta chleba bez zagniatania i ciasta na pizzę

- ¾ szklanki rozgniecionych pomidorów z puszki, takich jak pomidory San Marzano lub Pomi

- 1 szklanka rozdrobnionego sera mozzarella

- 1 szklanka rozdrobnionego sera provolone

- 8 kawałków dużej, cienko pokrojonej pepperoni

- 2 szklanki czerwonych i/lub żółtych pomidorków koktajlowych

- 1 ząbek czosnku, posiekany lub starty

- Sól koszerna i świeżo mielony pieprz

- Kruszone płatki czerwonej papryki

- Świeża bazylia, do dekoracji

Kierunki

a) Rozgrzej piekarnik do 450 ° F. Nasmaruj blachę do pieczenia.

b) Na lekko posypanej mąką powierzchni roboczej rozwałkuj ciasto na grubość ¼ cala. Ostrożnie przenieś ciasto na przygotowaną blachę do pieczenia. Rozłóż zmiażdżone pomidory równomiernie na cieście, pozostawiając 1-calową krawędź, a następnie ułóż warstwę mozzarelli i provolone. Rozłóż pepperoni na wierzchu.

c) W średniej misce połącz 1 łyżkę oliwy z oliwek, pomidorki koktajlowe, czosnek i szczyptę soli, pieprzu i płatków czerwonej papryki. Rozłóż pomidory równomiernie na pizzy. Piec, aż skórka będzie złota, a ser się roztopi, od 10 do 15 minut.

d) Udekoruj świeżymi listkami bazylii. Kroić i podawać.

87.		Zbiory pizzy z dyni piżmowej i jabłek

PORCJI: 4

Składniki

- 1 łyżka oliwy z oliwek z pierwszego tłoczenia, plus więcej do smarowania
- 2 szalotki, cienko pokrojone
- ½ funta chleba bez zagniatania i ciasta na pizzę
- 2 łyżki masła jabłkowego
- 1 jabłko Honeycrisp, cienko pokrojone
- 1 szklanka rozdrobnionego sera mozzarella
- ½ szklanki rozdrobnionego ostrego sera cheddar
- ½ małej dyni piżmowej, pokrojonej we wstążki za pomocą obieraczki do warzyw
- 8 listków świeżej szałwii
- 3 uncje cienko pokrojone prosciutto, rozdarte
- Sól koszerna i świeżo mielony pieprz
- Kruszone płatki czerwonej papryki
- 2 uncje sera pleśniowego, pokruszonego (opcjonalnie)

- Kochanie, do skropienia
- Świeże liście tymianku, do podania

Kierunki

a) Rozgrzej piekarnik do 450 ° F. Nasmaruj blachę do pieczenia.

b) Podgrzej 1 łyżkę oliwy z oliwek na średniej patelni na dużym ogniu. Gdy olej się zaświeci, dodaj szalotki i gotuj, aż będą pachnące, od 2 do 3 minut. Zdejmij patelnię z ognia.

c) Na lekko posypanej mąką powierzchni roboczej rozwałkuj ciasto na grubość $\frac{1}{4}$ cala. Ostrożnie przenieś ciasto na przygotowaną blachę do pieczenia. Rozłóż masło jabłkowe na cieście, pozostawiając 1-calową granicę. Dodaj podsmażoną szalotkę i plasterki jabłka. Ułóż warstwę mozzarelli i sera cheddar, a następnie połóż dynię piżmową, szałwię i szynkę prosciutto. Dopraw pizzę szczyptą soli, pieprzu i płatków czerwonej papryki i posyp serem pleśniowym (jeśli używasz) na wierzchu.

d) Piec, aż skórka będzie złota, a ser się roztopi, od 10 do 15 minut. Skrop miodem i posyp tymiankiem na koniec. Kroić i podawać.

88. Pizza z ziemniakami i burratą

PORCJI: 4

Składniki

- Oliwa z oliwek z pierwszego tłoczenia
- ½ funta chleba bez zagniatania i ciasta na pizzę
- ⅓ szklanki Pesto Cytrynowo-Bazyliowego
- ⅓ szklanki startego białego sera cheddar
- 1 średni ziemniak, bardzo cienko pokrojony
- 2 łyżki przyprawy Everything Bajgiel
- 8 uncji sera burrata, rozdarty
- Listki świeżej bazylii, do dekoracji
- Listki świeżego tymianku do dekoracji

Kierunki

a) Rozgrzej piekarnik do 450 ° F. Nasmaruj blachę do pieczenia.

b) Na lekko posypanej mąką powierzchni roboczej rozwałkuj ciasto na grubość ¼ cala. Ostrożnie przenieś ciasto na przygotowaną blachę do pieczenia. Rozłóż pesto równomiernie na cieście, pozostawiając 1-calową granicę. Ułóż warstwę sera cheddar, a następnie pokrojonego ziemniaka. Skrop pizzę oliwą z oliwek i posyp wszystko przyprawą do bajgla. Piec, aż skórka będzie złota, a ziemniaki będą chrupiące, od 10 do 15 minut.

c) Posyp pizzę burratą, pozwalając jej się ogrzać, około 5 minut. Posypać świeżą bazylią i tymiankiem i skropić oliwą z oliwek. Kroić i podawać.

89.   Biała pizza z trzech serów i nektarynek

PORCJI: 4

Składniki

- 2 łyżki oliwy z oliwek z pierwszego tłoczenia, plus więcej do smarowania i skropienia
- ½ funta chleba bez zagniatania i ciasta na pizzę
- 1 łyżka posiekanego świeżego szczypiorku
- ¼ szklanki lekko upakowanych świeżych liści bazylii, posiekanych, plus więcej do dekoracji
- 1 ząbek czosnku, starty
- ½ do 1 łyżeczki zmiażdżonych płatków czerwonej papryki
- 3 uncje pokruszonego niebieskiego sera
- 1 szklanka rozdrobnionego sera mozzarella lub sera fontina
- ½ szklanki startego parmezanu
- 1 nektarynka lub brzoskwinia, pokrojona w cienkie plasterki
- Sól koszerna i świeżo mielony pieprz
- 6 jeżyn (opcjonalnie)
- Ocet balsamiczny, do skropienia

- Kochanie, do skropienia

Kierunki

a) Rozgrzej piekarnik do 450 ° F. Nasmaruj blachę do pieczenia.

b) Na lekko posypanej mąką powierzchni roboczej rozwałkuj ciasto na grubość ¼ cala. Ostrożnie przenieś ciasto na przygotowaną blachę do pieczenia.

c) Rozłóż 2 łyżki oliwy z oliwek na cieście, pozostawiając 1-calową granicę, a następnie posyp posiekanym szczypiorkiem i płatkami bazylii, czosnku i czerwonej papryki. Dodaj niebieski ser, mozzarellę i parmezan.

d) Na wierzchu ułóż nektarynki i skrop lekko oliwą z oliwek. Dopraw solą i pieprzem. Piec, aż skórka będzie złota, a ser się roztopi, od 10 do 15 minut.

e) W razie potrzeby posyp posiekaną bazylią i jeżynami, a następnie skrop octem i miodem. Kroić i podawać.

f)

MAKARON

90. Muszle nadziewane szpinakiem i trzema serami

PORCJI: 6 DO 8

Składniki

- 2 łyżki oliwy z oliwek extra vergine
- 1 funt mielonej pikantnej włoskiej kiełbasy
- 2 (28-uncjowe) puszki zmiażdżonych pomidorów, takich jak pomidory San Marzano lub Pomi
- 1 czerwona papryka, pozbawiona nasion i pokrojona w plasterki
- 2 łyżeczki suszonego oregano
- ½ łyżeczki zmiażdżonych płatków czerwonej papryki, plus więcej w razie potrzeby
- Sól koszerna i świeżo mielony pieprz
- 1 (8 uncji) torebka zamrożonego posiekanego szpinaku, rozmrożonego i wyciśniętego do sucha
- 1 (1-funtowe) pudełko muszli makaronu jumbo
- 16 uncji pełnotłustego sera ricotta
- 2 szklanki startego sera Gouda

- 1 szklanka świeżych liści bazylii, posiekanych, plus więcej do serwowania
- 8 uncji świeżego sera mozzarella, rozdartego

Kierunki

a) Rozgrzej piekarnik do 350 ° F.

b) Rozgrzej oliwę z oliwek na dużej patelni nadającej się do piekarnika na średnim ogniu. Gdy olej się zaświeci, dodaj kiełbasę i gotuj, rozbijając ją drewnianą łyżką, aż się zrumieni, od 5 do 8 minut. Zmniejsz ogień do niskiego poziomu i dodaj zmiażdżone pomidory, paprykę, oregano, płatki czerwonej papryki oraz szczyptę soli i pieprzu. Gotuj, aż sos lekko zgęstnieje, od 10 do 15 minut. Wmieszaj szpinak. Spróbuj i dodaj więcej płatków soli, pieprzu i czerwonej papryki.

c) W międzyczasie zagotuj duży garnek osolonej wody na dużym ogniu. Dodaj muszle i gotuj zgodnie z instrukcją na opakowaniu, aż będą al dente. Dobrze odcedź.

d) W średniej misce połącz ricottę, goudę i bazylię. Przenieś mieszankę do galonowej torby z zamkiem błyskawicznym. Wepchnij mieszaninę w jeden róg torby, wyciśnij powietrze z górnej części torby i odetnij około ½ cala od tego rogu.

e) Pracując z jednym na raz, wyciskaj około 1 łyżki mieszanki sera do każdej skorupy, a następnie umieść je na patelni. Muszle równomiernie posypać mozzarellą.

f) Przenieś patelnię do piekarnika i piecz, aż ser się rozpuści i lekko zbrązowieje na wierzchu, od 25 do 30 minut.

91. Jednogarnkowe kremowe bucatini kukurydziane

SERWUJE 6

Składniki

- 4 łyżki solonego masła
- 4 kłosy żółtej kukurydzy, ziarna krojone z kolby
- 2 ząbki czosnku, posiekane lub starte
- 2 łyżki świeżych listków tymianku
- 1 papryczka jalapeño lub czerwona papryka Fresno, pozbawiona nasion i pokrojona w cienkie plasterki
- 2 zielone cebule, posiekane
- Sól koszerna i świeżo mielony pieprz
- 1 (1-funtowe pudełko) bucatini
- ½ szklanki startego parmezanu
- 2 łyżki crème fraîche
- ¼ szklanki świeżych liści bazylii, z grubsza porwanych

Kierunki

a) Rozpuść masło w dużym holenderskim piekarniku na średnim ogniu. Dodaj kukurydzę, czosnek, tymianek, jalapeño, zieloną cebulę i szczyptę soli i pieprzu. Gotuj, mieszając od czasu do czasu, aż kukurydza będzie złota i karmelizująca na brzegach, około 5 minut.

b) Dodaj $4\frac{1}{2}$ szklanki wody, zwiększ ogień do wysokiego i zagotuj. Dodać makaron i doprawić solą. Gotuj, często mieszając, aż większość płynu zostanie wchłonięta, a makaron będzie al dente, około 10 minut.

c) Zdejmij garnek z ognia i wymieszaj z parmezanem, crème fraîche i bazylią. Jeśli sos wydaje się zbyt gęsty, dodaj odrobinę wody, aby go rozrzedzić. Natychmiast podawaj.

92. Makaron z serem ze szpinakiem i karczochami

PORCJI: 6 DO 8

Składniki

- 6 łyżek solonego masła, w temperaturze pokojowej, plus więcej do smarowania

- 1 (1-funtowe) pudełko krótkiego makaronu, takiego jak makaron

- 2 szklanki pełnego mleka

- 1 (8 uncji) opakowanie sera śmietankowego, pokrojone w kostkę

- 3 szklanki rozdrobnionego ostrego sera cheddar

- Sól koszerna i świeżo mielony pieprz

- Mielony pieprz cayenne

- 2 szklanki zapakowanego świeżego szpinaku baby, posiekanego

- 1 (8 uncji) słoik marynowanych karczochów, odsączonych i grubo posiekanych

- 1½ szklanki pokruszonych krakersów Ritz (około 1 rękawa)

- ¾ łyżeczki czosnku w proszku

Kierunki

a) Rozgrzej piekarnik do 375 ° F. Nasmaruj naczynie do pieczenia o wymiarach 9 × 13 cali.

b) W dużym rondlu zagotuj 4 szklanki osolonej wody na dużym ogniu. Dodaj makaron i gotuj, od czasu do czasu mieszając, przez 8 minut. Wymieszaj mleko i ser śmietankowy i gotuj, aż ser śmietankowy się rozpuści, a makaron będzie al dente, jeszcze około 5 minut.

c) Zdejmij patelnię z ognia i wymieszaj z 2 filiżankami sera cheddar i 3 łyżkami masła. Doprawiamy solą, pieprzem i cayenne. Wmieszaj szpinak i karczochy. Jeśli sos wydaje się zbyt gęsty, dodaj ¼ szklanki mleka lub wody, aby go rozrzedzić.

d) Przenieś mieszaninę do przygotowanego naczynia do zapiekania. Posyp pozostałą 1 filiżanką sera cheddar.

e) W średniej misce wymieszaj krakersy, pozostałe 3 łyżki masła i czosnek w proszku. Rozłóż okruchy równomiernie na maku i serze.

f) Piecz, aż sos zacznie bulgotać, a okruchy będą złote, około 20 minut. Pozostaw do ostygnięcia na 5 minut i podawaj. Resztki przechowuj w lodówce w szczelnym pojemniku do 3 dni.

93. Wódka penne alla

PORCJI: 8

Składniki

- 4 łyżki solonego masła
- 2 ząbki czosnku, posiekane lub starte
- ½ łyżeczki pokruszonych płatków czerwonej papryki
- ½ szklanki wódki
- 1 (28 uncji) puszka zmiażdżonych pomidorów, takich jak pomidory San Marzano lub Pomi
- ½ szklanki suszonych pomidorów w oliwie z oliwek, odsączonych i posiekanych
- Sól koszerna i świeżo mielony pieprz
- ¾ szklanki gęstej śmietany
- 1 (1-funtowe) pudełko penne
- 1 szklanka startego parmezanu plus więcej do serwowania
- Świeża bazylia, do podania

Kierunki

a) W dużym rondlu połącz masło, czosnek i płatki czerwonej papryki na średnim ogniu. Gotuj, często mieszając, aż masło się rozpuści, a czosnek zacznie pachnieć, około 5 minut. Dodać wódkę i doprowadzić do wrzenia. Gotuj, aż zmniejszy się o jedną trzecią, jeszcze 2 do 3 minut. Dodaj zmiażdżone pomidory, suszone pomidory i dużą szczyptę soli i pieprzu. Gotuj sos na średnim ogniu, aż lekko się zredukuje, 10 do 15 minut. Przenieś sos do blendera lub użyj blendera zanurzeniowego, aby zmiksować sos na gładką masę przez 1 minutę. Mieszaj śmietanę, aż się połączy.

b) W międzyczasie zagotuj duży garnek osolonej wody na dużym ogniu. Dodaj penne i gotuj zgodnie z instrukcją na opakowaniu, aż będzie al dente. Odcedź i dodaj makaron i parmezan do sosu, mieszając, aby połączyć.

c) Aby podać tradycyjnie, podziel makaron na osiem talerzy lub misek. Udekoruj bazylią i parmezanem.

94. Makaron cytrynowo-bazyliowy z brukselką

PORCJI: 8

Składniki

- 1 (1-funtowe) pudełko długo krojonego makaronu, takiego jak bucatini lub fettuccine
- 4 uncje cienko pokrojone prosciutto, rozdarte
- 3 łyżki oliwy z oliwek extra vergine
- 1 funt brukselki, przekrojonej na pół lub poćwiartowanej, jeśli jest duża
- Sól koszerna i świeżo mielony pieprz
- 2 łyżki octu balsamicznego
- 1 papryczka jalapeño, pozbawiona nasion i posiekana
- 1 łyżka świeżych listków tymianku
- 1 szklanka pesto cytrynowo-bazyliowego
- 4 uncje koziego sera, pokruszonego
- ⅓ szklanki startego sera Manchego
- Skórka i sok z 1 cytryny

Kierunki

a) Rozgrzej piekarnik do 375 ° F.

b) Doprowadź duży garnek osolonej wody do wrzenia na dużym ogniu. Dodaj makaron i gotuj zgodnie z instrukcją na opakowaniu, aż będzie al dente. Zarezerwuj 1 szklankę wody z gotowania makaronu, a następnie odcedź.

c) W międzyczasie ułóż prosciutto w równej warstwie na blasze wyłożonej papierem do pieczenia. Piec, aż będą chrupiące, od 8 do 10 minut.

d) Podczas gdy makaron się gotuje, a prosciutto piecze, rozgrzej oliwę z oliwek na dużej patelni na średnim ogniu. Gdy olej się zaświeci, dodaj brukselkę i gotuj, mieszając od czasu do czasu, aż uzyskasz złoty kolor, 8 do 10 minut. Dopraw solą i pieprzem. Zmniejsz ogień do średnio-niskiego i dodaj ocet, jalapeño i tymianek i gotuj, aż kiełki się zeszklą, jeszcze 1 do 2 minut.

e) Zdejmij patelnię z ognia i dodaj odcedzony makaron, pesto, kozi ser, Manchego, skórkę z cytryny i sok z cytryny. Dodaj około ¼ szklanki wody z gotowania makaronu i wymieszaj, aby powstał sos.

f) Dodaj 1 łyżkę więcej na raz, aż do uzyskania pożądanej konsystencji. Spróbuj i w razie potrzeby dodaj więcej soli i pieprzu.

g) Podziel makaron równo na osiem misek lub talerzy i posyp każdą z nich chrupiącą szynką prosciutto.

95.　　Dojrzały makaron pomidorowo-parmezanowy

PORCJI: 2

Składniki

- 3 łyżki oliwy z oliwek extra vergine
- 1 ząbek czosnku, rozgnieciony
- 2 łyżeczki posiekanego świeżego rozmarynu
- Kruszone płatki czerwonej papryki
- 3 łyżki koncentratu pomidorowego
- ¾ szklanki makaronu anelli, ditalini lub innego krótkiego, rurkowatego makaronu
- Sól koszerna i świeżo mielony pieprz
- ⅓ szklanki startego parmezanu
- Listki świeżej bazylii, do dekoracji

Kierunki

a) W średnim rondlu połącz oliwę z oliwek i czosnek na średnim ogniu. Gotuj, mieszając od czasu do czasu, aż czosnek zacznie pachnieć, około 2 minut. Dodaj rozmaryn i szczyptę płatków czerwonej papryki i gotuj, aż będą tostowane i pachnące, około 1 minuty dłużej.

b) Zdjąć rondel z ognia. Wymieszaj koncentrat pomidorowy, a następnie dodaj $2\frac{1}{2}$ szklanki wody. Ponownie postaw patelnię na dużym ogniu i doprowadź do wrzenia. Dodaj makaron i dopraw obficie solą. Gotuj, często mieszając, aż makaron będzie al dente, około 12 minut.

c) Ponownie zdejmij patelnię z ognia i wymieszaj z parmezanem. Spróbuj i w razie potrzeby dodaj więcej soli i pieprzu.

d) Podziel makaron na dwie miski i posyp świeżą bazylią. Natychmiast podawaj. Resztki przechowuj w lodówce w szczelnym pojemniku do 3 dni.

96.   Lasagne z dyni i szałwii z fontiną

PORCJI: 8 DO 10

Składniki

- 2 łyżeczki oliwy z oliwek z pierwszego tłoczenia, plus więcej do smarowania

- 1 (14 uncji) puszka puree z dyni

- 2 szklanki pełnego mleka

- 2 łyżeczki suszonego oregano

- 2 łyżeczki suszonej bazylii

- ¼ łyżeczki świeżo startej gałki muszkatołowej

- ¼ łyżeczki mielonych płatków czerwonej papryki

- Sól koszerna i świeżo mielony pieprz

- 16 uncji pełnotłustego sera ricotta

- 2 ząbki czosnku, starte

- 1 łyżka posiekanych świeżych liści szałwii plus 8 całych liści

- 2 łyżki posiekanej świeżej pietruszki

- 1 (12 uncji) pudełko makaronu do lasagne bez gotowania

- 1 (12 uncji) słoik pieczonej czerwonej papryki, odsączonej i posiekanej

- 3 szklanki startego sera fontina
- 1 szklanka tartego parmezanu
- 12 do 16 kawałków cienko pokrojonej pepperoni (opcjonalnie)

Kierunki

a) Rozgrzej piekarnik do 375 ° F. Nasmaruj naczynie do pieczenia o wymiarach 9 × 13 cali.

b) W średniej misce wymieszaj dynię, mleko, oregano, bazylię, gałkę muszkatołową, płatki czerwonej papryki i szczyptę soli i pieprzu. W osobnej średniej misce połącz ricottę, czosnek, posiekaną szałwię i pietruszkę i dopraw solą i pieprzem.

c) Rozłóż jedną czwartą sosu dyniowego (około 1 szklanki) na dnie przygotowanego naczynia do zapiekania. Dodaj 3 lub 4 arkusze lasagne, łamiąc je w razie potrzeby, aby pasowały. Jest w porządku, jeśli prześcieradła nie zakrywają całkowicie sosu. Połóż warstwę na połowie mieszanki ricotty, połowie czerwonej papryki, a następnie 1 filiżance fontiny. Dodaj kolejną ćwiartkę sosu dyniowego i połóż 3 lub 4 makarony lasagne na wierzchu. Nałóż pozostałą mieszankę ricotty, pozostałe czerwone papryki, 1 szklankę fontiny, a następnie kolejną ćwiartkę sosu dyniowego. Dodaj pozostały makaron lasagne i pozostały sos dyniowy. Posyp pozostałą 1 filiżankę fontiny na wierzchu, a następnie posyp parmezanem. Na wierzchu pepperoni (jeśli używasz)

d) W małej misce wrzuć całe liście szałwii do 2 łyżeczek oliwy z oliwek. Ułożyć na wierzchu lasagne.

e) Przykryj lasagne folią i piecz przez 45 minut. Zwiększ temperaturę do 425 ° F, zdejmij folię i piecz, aż ser zacznie bulgotać, jeszcze około 10 minut. Odstaw lasagne na 10 minut. Podawać. Resztki przechowuj w lodówce w szczelnym pojemniku do 3 dni.

KOKTAJLE

97. Wódka Granatowo-Tymiankowa Spritz

Porcje: 4

Składniki

- ¼ szklanki miodu

- 2 gałązki świeżego tymianku plus więcej do serwowania

- 1 (1-calowy) kawałek świeżego imbiru, obrany i pokrojony w plasterki

- 8 uncji wódki

- 4 uncje likieru z czarnego bzu, takiego jak St-Germain

- 1 ⅓ szklanki soku z granatów

- Sok z 2 limonek

- 3 do 4 (12 uncji) piw imbirowych

Kierunki

a) W średnim rondlu połącz miód, tymianek, imbir i $\frac{1}{2}$ szklanki wody na dużym ogniu. Doprowadzić do wrzenia i gotować, aż imbir zacznie pachnieć, około 5 minut. Zdejmij patelnię z ognia i pozwól syropowi ostygnąć do temperatury pokojowej. Wyjąć i wyrzucić tymianek i imbir.

b) W dużym dzbanku wymieszaj syrop, wódkę, likier z czarnego bzu, sok z granatów i sok z limonki. Schłodzić w lodówce, aż będzie gotowy do podania, co najmniej 1 godzinę.

c) Dodaj piwo imbirowe do smaku tuż przed podaniem i wymieszaj, aby połączyć.

d) Dodaj lód do czterech szklanek i wlej spritz na wierzch. Udekoruj każdego drinka świeżym tymiankiem.

98. Pikantna Truskawkowa Paloma

Serwuje: 1

Składniki

- 1 łyżka chili w proszku
- 2 łyżeczki cukru granulowanego
- 1 klin grejpfruta, na brzeg i do podania
- 2 uncje srebrnej tequili
- Sok z ½ grejpfruta
- 4 świeże truskawki, rozgniecione
- 1 lub 2 plasterki papryczki jalapeño z pestkami i więcej do serwowania
- 1 łyżeczka miodu, plus więcej do smaku
- Woda gazowana, do polania

Kierunki

a) Na małym talerzu wymieszaj chili w proszku, sól i cukier. Potrzyj krawędź szklanki typu high-ball klinem grejpfruta i zanurz krawędź w mieszance, aby pokryć.

b) W shakerze do koktajli połącz tequilę, sok grejpfrutowy, truskawki, jalapeño, miód i lód. Dobrze wstrząśnij, aby połączyć. Przecedź do szklanki i uzupełnij wodą gazowaną.

c) Podawać z klinem grejpfruta i plasterkiem jalapeño.

99. Brzoskwiniowo-różowa Sangria

Serwuje 6

Składniki

- 4 brzoskwinie pokrojone w plasterki
- 2 szklanki świeżych lub mrożonych malin
- 1 (1-calowy) kawałek świeżego imbiru, obrany i starty
- 1 butelka (750 ml) wina różowego, np. Pasqua 11 Minutes Rosé
- 4 uncje likieru z czarnego bzu, takiego jak St-Germain
- Sok z 1 grejpfruta (około ¼ szklanki)
- Sok z 1 limonki (około 2 łyżek stołowych)
- Woda gazowana, do polania
- Listki świeżej mięty lub bazylii do podania

Kierunki

a) W dużym dzbanku połącz brzoskwinie, maliny, imbir, róż, likier z czarnego bzu, sok grejpfrutowy i sok z limonki. Schłodzić w lodówce, aż będzie gotowy do podania.

b) Napełnij sześć szklanek lodem i wlej sangrię. Uzupełnij wodą gazowaną i udekoruj miętą.

100.   Honeycrisp Apple Bourbon Smash

Serwuje: 1

Składniki

- ¼ szklanki cydru jabłkowego
- 1 łyżeczka skórki pomarańczowej
- 2 łyżki soku pomarańczowego
- 1 łyżka masła jabłkowego
- 2 uncje burbona
- 1 łyżeczka octu balsamicznego (opcjonalnie, ale pyszny)
- Piwo imbirowe, do polania
- Plasterki jabłek Honeycrisp do dekoracji

Kierunki

a) W shakerze do koktajli połącz jabłkowy cydr, skórkę pomarańczową, sok pomarańczowy, masło jabłkowe, bourbon i ocet (jeśli używasz). Dobrze wstrząśnij, aby połączyć.

b) Dodaj lód do staroświeckiej szklanki i przecedź przez nią bourbona. Na wierzchu polej piwem imbirowym i udekoruj plasterkami jabłka.

WNIOSEK

W tej kolekcji jest wiele ulubionych roślin, takich jak zupa kukurydziana Chipotle Cheddar i szpinak oraz dynia piżmowa nadziewana pesto. Znajdziesz tu również smakowite dania rodzinne, takie jak pasta do pizzy z bułką tartą Pepperoni, chrupiące taquito Carnitas i pikantne paluszki z kurczaka z ostrym miodem. Aby wywołać uśmiech na twarzy każdego, znajdziesz soczyste desery, takie jak ciasto czekoladowe z oliwą z oliwek i tarta cytrynowa z cukrem waniliowym, przygotowane z naciskiem na zdrowe, minimalnie przetworzone składniki.

Niezależnie od tego, czy jest to śniadanie, lunch, przekąska, kolacja czy deser... W tej książce znajdziesz sprawdzone przepisy, które sprawią, że poczujesz się dobrze, dzieląc się nimi przy swoim stole.

www.ingramcontent.com/pod-product-compliance
Lightning Source LLC
Chambersburg PA
CBHW071224080526

44587CB00013BA/1484